Dove si va?
Perché?
Come è stato?

Marmolada Montagna del destino

Ute Fischer
Bernhard Siegmund
Traduzione: Giovanni Mattioli

Un libro edito dal

Redaktionsbüro Fischer + Siegmund
In den Rödern 13 D 64354 Reinheim
http.//www.fischer-siegmund.de

Foto: Fischer (11), Siegmund (10), Andreas Buck (1), Hotel Col di Lana (1)

Il libro è stato composto al meglio delle conoscenze. Non si garantisce per la correttezza delle informazioni descritte.

Qualsiasi utilizzo di opere al di fuori dei limiti della legge sul diritto d'autore è inammissibile e punibile. Ciò vale in particolare per i processi di traduzione, stampa, microfilatura o simili e per la conservazione in impianti di elaborazione dati

Herstellung und Verlag: BoD – Books on Demand, Norderstedt
ISBN: 978-3-7528-9920-7

Prefazione

Questo non è un comune libro di viaggi. Nella nostra qualità di giornalisti di viaggi, esperti in ricerche e rapporti di viaggi, abbiamo girovagato per decenni. Però questa è una storia privata, non necessariamente obbiettiva ma piuttosto molto soggettiva, così come si sente un viaggio privato.

Questo si rispecchia negli alti e bassi che abbiamo vissuto. In breve: come viaggiatori ci siamo confrontati, ascoltati, abbiamo ponderato ed esposto i nostri sentimenti senza riguardo per alcuno o checchessia, se non per noi stessi.

È già l'ottavo libro della serie 'Marmolada'. Quando ritorniamo a casa dai viaggi, cerchiamo sempre una risposta esauriente alla domanda: «Com'era?». Chi viaggia, sa che non c'è una risposta semplice e soprattutto breve. Ovvio. Era bello. Ed emozionante. E completamente diverso da quanto ci si attendeva. Ma questo, da solo, sarebbe solamente un risultato misero e non potrebbe minimamente descrivere come si è svolto il nostro viaggio nelle Dolomiti. Possiamo solo esortarvi: «Andateci!»

Marmolada

Della 18-enne che dopo 52 anni non è emersa dal Lago di Fedaia

Il cielo era solo una striscia larga pochi centimetri. Come un nastro sottile e blu si estendeva sopra me, molto su in alto. Come una linea, che avrebbe dovuto sconfiggere il mio destino. Come una riga di chiusura finale all'inizio della mia giovane vita. Neve bianca era il mio letto. A destra ed a sinistra si ergevano pareti grigio-ghiaccio. Riflessi cangianti e scintillanti come di vetro scheggiato. Sembravano piegarsi sopra verso il centro, come se volessero chiudersi sopra di me, come il tetto di una cattedrale gotica.

Giacevo in un crepaccio. Di colpo mi ricordavo una *story* nel *"Readers Digest"* di un giovanotto, anche lui andato disperso in un crepaccio. 70 anni dopo lo trovarono nel lago ai piedi del ghiacciaio. Una anziana signora era venuta ad identificare il suo amato. Aveva un aspetto così giovane, come quando lei lo aveva visto l'ultima volta. 70 anni fa.

Il mio amato era con me. Aveva cercato di trattenermi quando ero scivolata sul ghiacciaio. l'ho trascinato con me. Fino alla profondità di 48 metri. Giaceva solo pochi metri da me. Non abbiamo parlato molto. Come se intuissimo che questa sarebbe stata l'ultima conversazione.

«Come stai?» Non riesco ad alzarmi. Cercavo di tirarmi su e di trascinarmi da lui. Ma poi ho visto che nel mezzo del mio polpaccio c'era un gomito. Gamba rotta. Nessun dolore. Provai a strisciare da lui e perdevo ripetutamente i sensi. Panico? No. Ho pregato un ultimo Padre nostro. A voce alta e comprensibile. Rieccheggiava tra le pareti, come volessero rispondermi. Come fossero testimoni del mio trapasso verso l'aldilà.

Mi era chiaro che questo sarebbe stata la mia fine. Morire nella neve non è doloroso. Semplicemente ci si addormenta.

Alla fine del secolo scorso il medico e botanico inglese Edward Byrne precipitò in un crepaccio. La curiosità di guardare giù nel crepaccio lo indusse a liberarsi dalla fune. Tuttavia rimase incastrato sottosopra con il suo zaino nella fessura troppo stretta. I soccorritori lo trovarono ad una profondità di circa sessanta piedi, ricoperto da un sottile strato di ghiaccio a causa dell'acqua di fusione gocciolante. Anche Byrne sopravvisse alla caduta. Questo avvenimento non lo lasciò più in pace. Come glaciologo osservò per oltre due decenni quanto il crepaccio si avvicinava alla bocca del ghiacciaio. Era alla ricerca del suo zaino. Vedi Letteratura: "Il suono della neve".

Sono passati più di cinque decenni finché per la prima volta ho sentito il desiderio di tornare sul luogo dove allora, a soli 18 anni, avrei potuto perdere la vita. L'altezza è quella di un campanile come si deve. Normalmente un uomo non la sopravvive. Eravamo ben due a sopravviverla, ma solo perché inizialmente eravamo in quattro e due compagni hanno chiamato i soccorsi. E questo in tempi senza cellulari, senza GPS. E naturalmente non eravamo nemmeno legati in cordata.

Per tutta vita non ho più trovato un compagno che volesse arrampicare e certamente nemmeno venire in montagna con me. Non ti sei rotta abbastanza con questo incidente? Hai scordato gli incubi che ancora ed ancora ti hanno rubato il sonno? I molti mesi all'ospedale affinché le tue vertebre lombari guarissero. E poi la gamba troppo corta, perché allora avevano semplicemente gessato la frattura scheggiata? Scordati gli interventi per allungare nuovamente la gamba e riaggiustare l'articolazione fra tibia e tarso caricata in modo errato? E le sempre profetizzate prospettive di disagi statici che dovevano presentarsi in età avanzata? Avrei dovuto essere grata che tutto si è svolto così. Fine della discussione. Ciò nonostante qualcosa dentro me rumoreggiava. Consideravo che avrei dovuto tornare sul luogo dove la mia allora esuberante vita, aveva preso una svolta così drastica.

I molti mesi all'ospedale che ho dovuto trascorrere coricata, le giornate e settimane infinitamente lunghe, durante le quali non potevo fare altro che leggere e dipingere; la televisione allora negli ospedali non c'era. La mia piccola radio a transistor disturbava le restanti otto - dieci donne nella camerata. Moltissime fratture del collo del femore. Erano tutte così vecchie. Non c'era alcun interlocutore per me. Venivano ed andavano. Man mano le rilasciavano ne arrivavano nuove. In continuazione. Solo io rimanevo dov'ero. Nel mio letto. Ottobre, novembre, dicembre. C'erano clisteri per quelle costipate, che appestavano tutta la sala. Spietatamente ci maltrattavano con olio di ricino, se non risultava sufficiente evacuazione sulla cartella clinica. Mentire aiutava solo temporaneamente. Una volta una compagna di 'prigionia' mi ha lavato i capelli, mentre mi posizionavo diagonalmente sul letto con la testa oltre il bordo e lei manovrava con una bacinella d'acqua. Una sola volta in tutti questi mesi. Mi ero stufata delle pagnotte mattutine con una spalmata di burro ed una macchia di marmellata. Ancora oggi non mi piacciono ne i panini ne la marmellata.

A Natale cori qualsiasi passavano tra le sale, distribuivano cartoccetti di Babbo Natale cantando fino a farci stare male. Buon Natale. Sì, grazie. Ma perché scrivo questo? Cerco di spiegare come qualcosa in me mutava. Inizialmente ero solo triste, arrabbiata, delusa e compiangevo quello che mi era capitato. Ho dovuto disdire il mio esame finale di apprendistato. Il mio amico era stato dimesso già prima di Natale e non s'è fatto più vedere. Non l'ho più rivisto dopo il nostro trasferimento dall'ospedale di Cavalese alla Germania. Anche alle lettere non ha mai risposto, nonostante che giacevamo nello stesso ospedale ed i suoi ed i miei genitori venivano a trovarci entrambi.

S'è fatto gennaio, febbraio. Ogni sei settimane mi facevano i raggi per verificare le vertebre. Se solo potessi finalmente alzarmi a sedere. Quanto possono diventare grandi, piccoli desideri. Ancora stare sdraiati! Lo svolgimento dell'alzarsi consisteva nel posizionarmi un rialzo sotto la nuca che poi rimuovevano per dormire.

La gamba sinistra era sempre ancora completamente ingessata.

Quando il prurito si faceva insopportabile mi grattavo usando un lungo ferro da calza. In questi mesi ho avuto molto tempo per pensare a me ed alla mia vita futura. E proprio questo ho fatto. Mi sono fatto portare i miei libri scolastici in ospedale ed ho iniziato a imparare. Volevo assolvere il miglior esame di apprendistato possibile. Ho scoperto in me la gratitudine, che prima non avevo mai provata. Mi sono resa conto di questo piccolo miracolo: ero viva.

Avrei potuto essere paraplegica. Oppure morta subito. Quando la coperta si faceva nuovamente troppo pesante ho scoperto la preghiera per trovare la pace. Io, che prima non avevo alcuna pazienza per i lavori manuali, ho ricamato una tovaglia per mia madre. Stando sdraiata. Mi sono pentita di tutte quelle volte che me la sono svignata quando mia madre avrebbe avuto bisogno d'aiuto per i lavori di casa.

«Ti aiuterei volentieri a sbucciare le patate», le ho detto. E lei mi sorrideva grata. In questi mesi sono diventata adulta. Quando in marzo sono stata dimessa dall'ospedale, ero un'altra persona.

In estate ho effettivamente consegnato la migliore tesi di fine corso dell'Alta Franconia. Ecco gli antefatti per questo viaggio nelle Dolomiti.

Ricerca delle tracce

Ad un certo punto, durante gli ultimi due anni, si è fatto pressante il desiderio di tornare alla Marmolada. Alla ricerca delle tracce? No! Dopo 52 anni non si trovano certamente più tracce. E poi proprio sulla Marmolada con i suoi 3.343 metri di quota, la cresta montuosa più elevata delle Dolomiti. La parte meridionale delle Alpi calcaree Nordtirolesi in Italia. La regina delle Dolomiti. Qui si trova l'unico ghiacciaio rilevante di questa parte montuosa. Marmolada deriva da marmo. In tedesco si chiama Marmolata, in ladino Marmoleda.

In quanto giornalisti di viaggi, siamo registrati già da decenni tra i destinatari delle stampe di diverse mete. Da molte riviste ci siamo fatti cancellare. Come hanno fatto i trentini a scoprimi, non lo so.

Ad ogni modo non li ho mai depennati, bensì ci ho sempre sbirciato un po'. Poi si è anche aggiunto un ufficio di PR[1] della Val di Fassa, che mi ha onorato mensilmente con informazioni turistiche. Nella Val di Fassa, tra Bolzano e la Marmolada, c'era Penia di Canazei, dove alloggiavamo allora. Per er puro caso, nella nostra località è

---

1   Pubbliche relazioni

Sulla cima del Piz Boè, due giorni prima della caduta nel crepaccio; notare il ghiacciaio della Marmolada sullo sfondo.

stato proposto un corso d'italiano. Mi sono iscritta. Come ponte di collegamento ho cercato di contattare i due uffici di PR. Ma non è successo nulla, finché ad un certo punto ho manifestato l'intenzione concreta di voler scrivere un libro sulla Marmolada e la Val di Fassa assieme a mio marito. Tuttavia l'entusiasmo delle persone delle PR è rimasto limitato. Avevo chiesto contatti con il locale Soccorso Alpino Altoatesino e sono stata scaricata: La Marmolada si trova in Trentino ed era allora, nel 1965, fuori dal loro ambito d'intervento. Poi però ho inoltrato la mia storia al Soccorso Alpino - Servizio Provinciale Trentino. Il suo presidente voleva impegnarsi a esumare il vecchio rapporto di soccorso del 1965. Per poterne avere visione, dovevo scansionare il mio documento d'identità ed inoltrarlo. Sono passate solo alcune settimane finché ho ottenuto il rapporto via email, assieme a due vecchi redazionali in italiano. Mi è venuta la pelle d'oca sulle braccia mentre tenevo il rapporto nelle mie mani. Nella email di risposta c'era anche scritto che due dei dieci soccorritori erano ancora in vita: Angelo Pacher e Lodovico Vaia.

CORPO SOCCORSO ALPINO - STAZIONE DI *CANAZEI*

SAT - TRENTO - Via Manci, 109 - Telefono 33.166

Rapporto sull'intervento del giorno 25 sett. 1966 a *Marmolada*

GENERALITÀ DELLE PERSONE INTERESSATE:

WINKLER   HEINRCH
(cognome e nome in stampatello)

nato il 23.12.1937 a Hof/Saale

residente a Hochheim/Main via Eichenseestr. n. 1.C. Professione Descoratore

Carta d'identità o passaporto n. ___ Società alpinistica cui appartiene ___

FISCHER   UTE
(cognome e nome in stampatello)

nato il 3-6-1948 a Hof Saale

residente a Hof/Saale via Alsenbergstr. n. 28 Professione Appendata u meren

Carta d'identità o passaporto n. ___ Società alpinistica cui appartiene ___

(cognome e nome in stampatello)

nato il ___ a ___

residente a ___ via ___ n. ___ Professione ___

Carta d'identità o passaporto n. ___ Società alpinistica cui appartiene ___

Località esatta ove s'è verificato l'infortunio Punta S. Serauta Giorno ed ore 25 Sett ore 14

Ricuperati: Illesi n. ___ Feriti n. ___ morti n. ___

COME AVVENNE L'INFORTUNIO
(CAUSE: specificare le lesioni ed ogni altro elemento utile)

[handwritten text, partially legible] Scendenda da Punta Rocca, la ragazzo ... scivolare su un fondo ghiacciato e la trascinato trattenere dovendoli, il se- volte per se in braccia e a pedeme caduano ... cadeva in un crepaccio, di 35-40 m, ...
Nomi dei compagni di gita: ... con fratture femore... e lesioni varie alla testa.

AZIONE DI SOCCORSO organizzata dalla Stazione
(Cognomi e nomi degli uomini impiegati):

1. Brunner Luigi
2. Baldessari Azzurro
3. Parker Angelo
4. Cont. ni Giacinto
5. Farre Lorenzo
6. ... Pierro ...
7. ... Lorenzo
8. Scapin Giovanni

---

9. Piaz Battista
10. Planar Luciano

Gli uomini sono stati assicurati? sì Hanno partecipato elementi di altra Stazione? sì Di che Stazione? ___ Quanti? ___

COME SI E' SVOLTA L'AZIONE DI SOCCORSO
(breve descrizione precisando anche il giorno e l'ora di partenza della Squadra, l'ora in cui è stato raggiunto l'infortunato e il giorno e l'ora del rientro in sede)

[handwritten text, largely illegible]

Di quale grado erano le difficoltà alpinistiche? ___

Rifugio ove l'infortunato ebbe i primi soccorsi ___

Località ove fu trasportato Piaz Trenn ...

Da questo momento in poi non c'è stato più nulla che mi trattenesse. Abbiamo programmato una settimana per questo viaggio.

Tramite *"booking.com"* ho prenotato un albergo a Canazei e presso la *"Deutsche Bahn"* un biglietto del treno fino a Bolzano, nonché noleggiato una macchina a Bolzano.

Garzettino

SUL GHIACCIAIO DELLA MARMOLADA

Due alpinisti tedeschi precipitano in un crepaccio

Hanno riportato gravi lesioni - Sono stati tratti in salvo dai carabinieri e dalla squadra del soccorso di Canazei

Due giovani tedeschi scivolati mentre compivano la traversata del ghiacciaio della Marmolada sono precipitati in un crepaccio profondo una quarantina di metri. Soccorsi dai carabinieri di Canazei e da uomini del corpo volontario del luogo sono stati ricoverati all'ospedale di Cavalese; le loro condizioni non sono gravi.

I due infortunati sono Hermann Schneider, trentanovenne da Karisruhe e la fidanzata Ute Fischer, diciannovenne da Hof-Saal.

L'incidente è accaduto domenica pomeriggio, poco dopo le 15. I due erano saliti da Canazei, in compagnia di un conoscente a Pian Trevisan ed avevano intrapreso l'attraversa-

ta del ghiacciaio con meta Punta Rocca.

Ad un tratto, per cause non bene accertate, sono scivolati e dopo una corsa di circa cinquanta metri lungo un ripido pendio ghiacciato sono precipitati in un crepaccio profondo 40 metri.

Il compagno di escursione è ridisceso a Pian Trevisan ed ha dato l'allarme. Sono subito partiti da Canazei alcuni carabinieri e quattro uomini della stazione di soccorso alpino. I quali dopo una marcia forzata durata parecchie ore hanno raggiunto gli infortunati e sono riusciti, non senza difficoltà a trarli in salvo. Li hanno quindi avviati con delle barelle a Canazei e da qui,

dopo una visita del medico condotto, con un'autoambulanza all'ospedale di Cavalese.

I sanitari di guardia hanno riscontrato alla ragazza la sospetta frattura del bacino ed allo Schneider la sospetta frattura della gamba sinistra e un grave trauma cranico. Entrambi sono stati accolti in corsia con prognosi di sessanta e di novanta giorni rispettivamente.

Estratto dal "Gazzettino"

Parallelamente ho comunicato al Soccorso Alpino che saremmo venuti, il mio numero di cellulare, il nostro albergo ed il suo numero di telefono e che desideravamo ringraziare i due soccorritori superstiti. Avevo preventivamente preparato un testo su come mi è andata nella vita dopo il soccorso, affinché a nessuno venisse l'idea che io sia una vecchia e gracile signora che si ribalta al primo forte starnuto. Poiché le mie lezioni d'italiano, cominciate solo da pochi mesi, non erano sufficienti per sostenere una conversazione, ho pregato la mia insegnate d'italiano di tradurre un testo scritto da me. L'ho inviato al Soccorso Alpino. Così ha avuto inizio un *rendez-vous* di cui noi due non avevamo alcuna premonizione su quanto sarebbe stato lusinghiero questo viaggio.

16 agosto 2018: partenza

Questo sì che potrebbe diventare divertente. Adesso, dopo 52 anni, inizi un viaggio e la partenza del treno è rinviata di 20 minuti per la "tardiva consegna del treno". Trattieniti, ho mormorato tra me e me, siamo proprio sistemati bene.

Due giorni fa a Genova è crollato un ponte. Più di 30 macchine sono precipitate sul fondo. In un nulla, giù per 40 metri. Avranno urlato i passeggeri quando hanno definitivamente realizzato che stavano piombando giù? Giusto. Paralisi della glottide. Questo lessi decenni prima, a spiegazione perché non avevo gridato mentre precipitavo nel crepaccio. "Crepaccio", solo questo ho pensato per un istante mentre cadevo avvitandomi e realizzavo il nero precipizio dinnanzi a me. Crepaccio. Null'altro.

Monaco di Baviera. Dei 90 minuti pianificati per il trasbordo ne sono sempre rimasti 60 per mangiare un

Leberkäs[2] da *Vinzenz Murr* nella stazione ferroviaria e per andare in bagno. Al chiosco *Rubenbauer* della stazione ci procuriamo una birra analcolica per il viaggio; una bevanda così nel vagone ristorante del treno non c'è. Il treno per Bologna già staziona sul binario 13.

Ferragosto

L'Eurocity della austriaca ÖBB[3] pare essere ben stipato. Da oggi si può di nuovo andare in Italia; poiché Ferragosto, il 15 agosto, è passato. Macché Ferragosto? In effetti è l'Assunzione della Madonna, una delle più importanti e note festività italiane della chiesa. È considerato anche il giorno più caldo dell'estate e ne rappresenta il punto di svolta. Gli italiani pianificano le loro vacanze estive attorno a questa data; molte ferie aziendali ral-

---

2   detto anche *Fleischkäse*, è un polpettone di carne con la consistenza del formaggio; viene infornato in stampi rettangolari
3   Österreichische Bundesbahn, ferrovie statali austriache

lentano la vita pubblica. Fabbriche e uffici sono chiusi. In nessun altro periodo la vita del vacanziere in Italia è più cara. Le spiagge sono strapiene, i posti negli Hotel e nelle pensioni esauriti. E si festeggia molto. Anche nel nostro treno siedono molti italiani. Almeno si va in direzione Bologna. Contrariamente al resto della Germania, dove quest'estate campagne e prati sono inariditi ed il granturco s'è fatto rachitico, qui lungo le sponde dell'Inn, brillano di un bel verde lucente. Diversi ciclisti percorrono la pista ciclabile della Valle dell'Inn in direzione Kufstein. Dopo Rosenheim si elevano le prime montagne boscose, già si intravede qualche roccia scoscesa. Dopo alcuni giorni più freschi, oggi il giorno è nuovamente sui 31 gradi. Il sottodimensionato impianto di raffreddamento sotto il bordo del finestrino, alita timidamente contro il mio avambraccio. Il cielo è tipicamente biancoceleste bavarese con pittoresche nuvole a pecorella. Paesi con appuntiti campanili sgusciano a lato. Poco prima del Brennero un annuncio a sorpresa: tutti i passeggeri per l'Italia lascino il treno al Brennero. Si sarebbe proseguiti con mezzi di trasporto alternativi. Opps. Bernhard è in bagno. L'avrà sentito? Mentre tutti si tirano su solertemente e raccolgono i loro bagagli, cerco di capire che sta succedendo. Sento dire che ci sarebbero ristrutturazioni al Brennero. Ci sarà qualche connessione con i profughi? Nessuno ne sa qualcosa. Mentre la lucetta rossa per la visita al bagno di Bernhard è ancora accesa i più sono già nel corridoio con i loro bagagli. Già il treno rallenta. Mi sento a disagio. Finalmente la lucetta rossa si spegne. Bernhard, meravigliato, si districa tra la colonna di valigie nel corridoio. Non c'era altoparlante nel bagno.

Passo del Brennero

La pedana d'uscita dal treno è estremamente alta sopra la banchina. Più che scalare giù, volo fuori. Bernhard riesce a mala pena ad acchiappare il trolley, altrimenti mi sarebbe piombato addosso. Quindi seguiamo la coda umana che sembra conoscere il percorso. Nell'atrio della stazione dobbiamo tormentarci giù per la scalinata con i bagagli e prendere un corridoio sotterraneo che passa sotto i binari. Infine ci sono da salire altre due rampe di scale. Naturalmente non c'è ascensore, ne nastro trasportatore. Alcuni passeggeri più anziani riescono a salire solo con grande sforzo. Nessun facchino. Ognuno deve arrangiarsi col proprio bagaglio. Aiuto una signora gracile, che riesce solo a trascinare la sua valigia scalino dopo scalino. Mi sorride riconoscente. Inconsciamente spero che la mia buona azione, prima o poi, verrà ricompensata quando sarò in una situazione simile. Sul piazzale della stazione ci sono diversi giovani con magliette gialle che ci indicano la via per l'autobus giusto. Bolzano prego. Ah: Bolzano. Il conducente issa le valigie nel ventre del bus e dopo pochi minuti parte. L'autobus è colmo.

Mentre il pullman scende verso valle curvando lungo l'Isarco, cerco di chiamare l'autonoleggio di Bolzano. Sono preoccupata che giungeremo più tardi del previsto. In nessun caso voglio rischiare di non poter prendere in consegna la vettura noleggiata. Il nostro albergo dista appena 60 chilometri da Bolzano. Che guaio: non parlano tedesco, io troppo poco l'italiano ed entrambi scarsamente l'inglese. Presto mi accorgo che ho effettivamente chiamato Sixt, ma che non parlo con la Sixt di Bolzano. Ad ogni modo comunico il mio numero di prenotazione e vengo trasferita. Non so con chi. Altra voce maschile che si presume parli meglio l'inglese del tedesco. Ma pure lui si barcamena ed anch'io perdo il passo linguistico per fargli capire che non siamo sul treno, bensì su un autobus di cui non sappiamo quando arriverà a Bolzano. Ad ogni modo, infine, mi sembra di capire che a Bolzano ci avrebbero comunque aspettati. Solo dopo, leggiamo che l'autonoleggio ha anche un secondo lasso di tempo per la consegna delle vetture, a partire dalle ore 19:00. Ma il bus arriva 10 minuti prima, rispetto l'orario annunciato del treno.

Bolzano

La consegna della vettura era convenuta alle 17:35, al binario 1 della stazione. Per quanto ci guardiamo attorno, niente di Sixt. Chiediamo ad un addetto della ferrovia che fa spallucce. Insistiamo: *"Rent a car?"* Ecco che si scuote e indica una minuscola targhetta verde sull'edificio della stazione: "Win Rent". L'ufficio è chiuso. Digito il numero di telefono indicato ed effettivamente si annuncia un uomo con "Pronto". Alla mia domanda: "Parla tedesco?" ottengo la risposta: "No, inglese". Gli comunico in tedesco il mio nome ed in inglese che vorrei ritirare una vettura a noleggio. Promette di essere qui in cinque minuti, poiché al momento è nell'autorimessa. Attendiamo dieci minuti. Quindici minuti. Poi compare un ometto esile sui trent'anni ed apre l'ufficio. Gli sottopongo la mia conferma di noleggio. Vuole una cauzione di 1.000 Euro. Con la conferma di noleggio alla mano cerchiamo di dimostrargli che non risulta scritto da alcuna parte che ci fosse da versare una cauzione. Ma lui insiste: no cauzione, no auto. Più volte abbiamo assistito a trasmissioni televisive che mettevano espressamente in guardia. Chiamo la *hotline* di Sixt. In effetti risponde una voce maschile. La cosa è in ordine così. Ed io: "Sulla mia conferma non c'è scritto nulla a tal proposito." Lui: "È scritto nelle condizioni generali del contratto." Non le ho con me. Inoltre dice che non avrebbe potuto fare nulla per me. Le cose stanno così. Ma perfetto!

Ci domandiamo, perché abbiamo prenotato proprio da Sixt e non da qualsiasi altro autonoleggio molto più economico? Ma non c'è risposta a questa nostra domanda. Consegno la mia carta di credito e firmo sulla lavagnetta grafica. Poi dovrei firmare ancora una volta, che ho ricevuto la macchina senza danneggiamenti. Intanto non l'ho ancora vista. Annunciamo che avremo fotografato la macchina in ogni sua parte. Nonostante tutto, devo firmare. Solo dopo mi consegna la chiave ed un biglietto per l'uscita dall'autosilos *"City Parking"*, che dovrebbe trovarsi di fronte alla stazione ferroviaria. Siamo comprensibilmente scocciati per essere stati forzati in questo modo e giuriamo: mai più Sixt.

L'automobile

Davanti alla stazione improvvisamente si affianca il noleggiatore per indicarci ancora una volta l'autosilos. Mi sforzo a restare scortese e, per liberarmi di lui, ringrazio comunque. Chissà cos'altro può succedere. L'automobile, una Fiat 500, deve trovarsi al livello 4 in un'apposita area *"Win-Rent"*. La troviamo subito. La vettura, color grigio antracite metallizzata, sembra abbastanza nuova. Il contachilometri nel cruscotto segna poco più di 3.000 chilometri. È quindi quasi nuova. Nel minuscolo bagagliaio ci sta uno solo dei nostri trolleys. Poiché è una due porte, costringiamo il secondo trolley a passare dietro lo schienale del sedile anteriore fin su quello dietro. Solo più tardi abbiamo imparato che lo schienale può essere reclinato in avanti. Non sarebbe stato male ricevere delle istruzioni per l'uso. Regolo gli specchietti interno ed esterno. Bernhard fotografa l'automobile tutt'attorno. Non si notano danni alcuni. Poi partiamo. Questa piccola slitta naturalmente affronta le curve dell'autosilos con agilità. Ma poi giungiamo alla sbarra d'uscita e cerchiamo disperatamente gli alzacristalli. Dobbiamo forse girare una manovella? Non si trova nulla. Dunque apro la portiera del conducente, struscio fuori con il biglietto d'uscita e spingo il ticket nell'apparecchio. Fatto.

Fiat 500

Prego, dove si va per la Val di Fassa?

Sono poco più delle ore 19 e c'è gran traffico a Bolzano. Perciò non possiamo arrischiare di sostare da qualche parte, ma dobbiamo tuffarci nel traffico che scorre. Abbiamo forse pensato di trovare indicatori per Canazei? Una grossolana mappa estratta da internet riportava strade come la Via Brennero e la Via Renon. Certo non vogliamo tornare al Passo del Brennero. Ciò nonostante mi infilo sulla Via Brennero, direzione Brennero; una strada veloce, ben strutturata, a quattro corsie. Naturalmente sono uscita subito sulla prima possibilità di svincolo a destra, dove avevo individuato due uomini su un parcheggio. Spero che non partano prima che io giunga lì. Indico sul mio estratto mappa dove volevamo andare. Sì, e parlano anche tedesco! Loro non avrebbero fatto la Val di Fassa per giungere a Canazei, bensì via autostrada ed attraverso la Val Gardena. Più tardi comprendo che questo percorso è di fatto più semplice e percorribile più velocemente, ma in qualche modo mi sono fissata sulla Val di Fassa. Uno dei due uomini mi spiega in modo prolisso la strada e poi si offre di precedermi fino alla diramazione per la Val di Fassa. Più tardi, quando seguiamo l'indicazione marrone dell'uscita dalla Via Brennero, mi rendo conto che avremmo potuto arrivarci anche da soli. Con un colpo di clacson ringrazio nuovamente e siamo felicemente *on the road* mentre il nostro pilota scompare nella rotatoria per tornare a Bolzano.

La Val di Fassa

Non inizia dopo Bolzano come immaginavo, bensì dopo il Passo di Costalunga. Fino al passo si chiama Val d'Ega. Quindi solo dopo il Passo di Costalunga si chiama Val di Fassa e mantiene questo nome fino alla Marmolada, dove nasce l'Avisio che qui ci gorgoglia incontro.

La Val di Fassa, propaggine Nord-Ovest del Trentino, confina a Nord con la Provincia di Bolzano ed a Ovest con la Provincia di Belluno, che appartiene al Veneto. Sei comuni si allineano nella valle che è lunga approssimativamente 20 chilometri. Ha circa 10.000 abitanti distribuiti sulle località Moena, Soraga, San Giovanni di Fassa[4], Mazzin, Campitello e Canazei dove la Marmolada, quale più alta cima delle Dolomiti, chiude la valle. Fassa storicamente deriva da Fascia che richiama i campi e prati stretti tra due coste montuose.

---

4   Nato il 1° gennaio 2018 dalla fusone dei Comuni di Vigo e Pozza

Leggo in un documento dell'Associazione per il turismo Val di Fassa che i primi coloni furono certamente di origine retica. I reti si fusero al popolo romano che dopo la conquista del Trentino (15 a.C.), la cosiddetta guerra di Druso e Tiberio, osarono spingersi fino a questa zona inospitale.

Giunsero verosimilmente in valle attraverso il Passo di Costalunga; perciò non sarebbe un caso che Vigo sia stato uno dei primi insediamenti. Per proteggersi dalle alluvioni, pur restando vicini all'acqua, costruirono le loro prime capanne a metà costa. L'incontro delle culture romane e retiche è la culla della lingua ladina, che viene parlata ancora oggi in Val di Fassa come in altre regioni tra il Reno ed il Danubio, dalla costa di Trieste fino al Lago di Garda. Nella Val di Fassa esistono ancora almeno tre sottogruppi di ladino: Cazét, Brach e Moenát. Un accorto conoscitore di ladino può riconoscere se chi parla proviene dall'alta, dalla media o dalla bassa Valle.

La Val di Fassa era da sempre un punto d'incrocio per le vie di collegamento tra i territori del Trentino, del Veneto e del Tirolo. Fino dal 19° secolo l'ambiente montano e la popolazione ladina si trovavano in completo isolamento. Solo dopo il 1860, quando venne progettata una strada bianca tra Cardano presso Bolzano e Nova Levante, ebbero inizio per la Val d'Ega tempi nuovi. Fino ad allora ci si doveva basare sui propri piedi per attraversare la valle ed i passi montani.

Quando poi nel 1867 è stata costruita la linea ferroviaria attraverso il Brennero ed arrivarono i primi viaggiatori con le diligenze postali, si svegliarono le ambizioni: si avrebbe potuto guadagnare denaro con gli stranieri. Si costituì un'associazione per alberghi alpini che eresse il "Gran Hotel Lago di Carezza" in mezzo alla natura intatta. Nel 1895 proseguì il collegamento stradale dal Passo di Carezza a Vigo. Anche i gardenesi costruirono una strada: dall'Isarco fino a Ortisei. Ma entrambe rimasero inizialmente "vicoli ciechi".

La strada delle Dolomiti

Sotto Teodoro Christomannos, figlio di commercianti di origine greca, ed Albert Wachtler, entrambi consiglieri delle Sezioni del Club Alpino di Merano e Bolzano, nacque la pianificazione per un collegamento stradale ininterrotto da Vigo, attraverso i Passi Pordi e Falzarego, fino a Cortina. In vero, questa strada avrebbe dovuta essere inaugurata in occasione del 50° anniversario di regno di Francesco Giuseppe, nell'anno 1898. Ma le grandi difficoltà burocratiche e finanziarie ne rallentarono la progettazione. Il primo colpo di badile ebbe luogo solo nel 1900. Più di 1.000 uomini vi trovarono lavoro e stipendio. Il 13 settembre 1909 si poté completare l'ultimo tratto al Passo del Falzarego. La strada delle Dolomiti fu allora considerata un capolavoro nell'arte della costruzione stradale. La prima corriera postale attraversò il Passo Pordoi collegando Bolzano e Canazei con Cortina; un percorso di 142 chilometri.

Turismo in Val di Fassa

Nel 19° secolo fu ancora una pratica comune che i fassani, dopo lo scioglimento delle nevi, emigrassero verso l'Austria e la Baviera per lavorarci come manovali, falegnami, imbianchini, decoratori e rientrare il giorno di San Martino (11 novembre). Con la costruzione della ferrovia del Brennero si sviluppò un vivace andirivieni. Vennero collezionisti di minerali ed alpinisti da Germania, Austria e persino da Oltremanica.

A proposito, i nomi Dolomiti e dolomite derivano dal geologo francese Marquis Déodat de Dolomieu; lui fece analizzare il pietrisco bianco che poi venne denominato secondo il suo nome. È composto da carbonato di calcio e magnesio. Luogo di nascita delle Dolomiti è il mare che approssimativamente 200 milioni di anni fa ricoprì quest'area. La collisione delle placche continentali, circa 20 milioni d'anni or sono, innalzò la primitiva roccia sedimentaria, calcare, carbonatica e vulcanica sino a divenire le attuali cime e massicci montuosi. Il nome Dolomiti si consolidò tuttavia solo a metà del 19° secolo, quando il pittore Josiah Gilbert e lo scienziato George Churchill pubblicarono a Londra un saggio su „*The Dolomite Mountains*".

I pionieri

In qualità di pioniere del turismo in Val di Fassa, ancor' oggi si nomina la famiglia Rizzi, in particolar modo Antonio Rizzi (1776 – 1848). Scolaro diligente a Campitello, imparò, oltre alla madrelingua ladina, italiano e poi al ginnasio ad Innsbruck anche latino e tedesco. Durante la sua evoluzione professionale si impegnò presto con molteplice attività di responsabilità, tra l'altro come cancelliere per il tribunale di Vigo, come cancelliere tributario per il Libro fondiario e la riscossione fiscale in Val di Fassa, quale funzionario amministrativo per il Principe vescovo di Bressanone. Anche durante il governo napoleonico non si poté rinunciare ai suoi servigi. Nel 1801 si aggregò ad Andreas Hofer contro i sodati di Napoleone. Si allearono con la Baviera.

Rizzi riconobbe nell'impulso esploratore dei collezionisti di minerali stranieri una grande occasione per fare soldi. Come quasi ovunque nelle località turistiche, anche qui vennero dapprima i viaggiatori britannici. Poi, nel 1806, Rizzi iniziò con la costruzione di un hotel. Si procurò il denaro necessario trasportando ad Innsbruck con sette carri trainati da buoi, minerali e fossili ed ivi vendendoli.

Già durante il periodo di costruzione della strada, nella Val di Fassa si sviluppò il turismo, distogliendo sempre più uomini alla zootecnia e alla pastorizia. Molte famiglie in Val di Fassa contribuirono allo sviluppo turistico costruendo alberghi e pensioni ed accompagnando i turisti sulle montagne. Furono sopratutto le prime guide alpine, i „Ciamorces de Fascia" (i camosci) a diventare famosi. Luigi Bernard (1859 – 1937) di Campitello, viene ancor oggi venerato quale "padre delle guide alpine della Val di Fassa". Al suo fianco c'erano persone come Luigi Rizzi di Campitello, Luigi Micheluzzi di Canazei e specialmente il „Diavolo delle Dolomiti", Tita Piaz di Pera di Fassa.

Nel 2009 l'UNESCO iscrisse nei suoi registri, massicci come Catinaccio – Latemar, Sassolungo, Sella, Marmolada e Monzoni come patrimoni dell'umanità. In vero, le Dolomiti si annoverano tra i 50 più bei paesaggi d'Europa e, a livello mondiale, tra i 199 della classifica di testa.

Opps - che macchina!

Ci spaventiamo, Arriva una lunga galleria e non ho idea dov'è l'interruttore delle luci. Da casa sono abituato che le luci sono accese anche di giorno. Ma poiché il cruscotto è completamente al buio, non c'è niente da fare. Un miracolo che ne le vetture che incrociamo, ne quelle che seguono ci fanno i fari. Probabilmente da queste parti si è un po' più generosi nella circolazione stradale. Subito dopo la galleria cerco un'area di sosta e successivamente in modo intensivo l'interruttore delle luci, naturalmente è a sinistra, sulla levetta ed ha lo stesso simbolo della maggior parte delle auto. Ad ogni modo verifico da fuori. È tutto *okay*. Un'altra cosa comincia ad infastidirmi: sono costretta a tenere la testa sempre rigidamente in alto per potermi concentrare sulla carreggiata. Di nuovo cerco un'area di sosta e scopro una leva che permette di abbassare il volante. Con questo sembrerebbe tutto a posto.

Si fa buio sulla strada statale n. 241. Tra le alte montagne non penetra molta luce nella valle. Mi ricordo che nel 1966 il Lago di Carezza, con il suo profondo blu, era individuabile dalla strada. Ora, nell'oscurità, è solo il nome sul segnavia che mi riporta ai vecchi tempi. Già ci inerpichiamo su ripide serpentine verso i 1745 metri del Passo di Carezza: è il collegamento tra i massicci montuosi del Latemar e del Catinaccio.

Poi ci sono le indicazioni per Canazei e nel capoluogo fassano, ad una rotonda, troviamo le indicazioni per il Passo Pordoi. Anche questo nome m'è conosciuto dal 1966. Il nostro hotel dovrebbe essere direttamente presso la funivia sul Passo Pordoi. Sulla Carta geografica pare essere abbastanza vicino a Canazei. In realtà la dividono ben 28 tornanti, come chiamano qui le serpentine e che dobbiamo percorrere in salita. Ogni volta che pensiamo che l'hotel che appare nel raggio visivo sia il nostro, si sale ancora. Sono diversi gli hotel che si artigliano nei fianchi del Passo Pordoi. Ma alla fine arriviamo su.

Hotel "Col di Lana"

Avrei prenotato questo hotel se immaginavo che non era a Canazei, bensì molto sopra Canazei? Certamente no. Tuttavia ogni giorni che passa mi rendo sempre più conto e mi è chiaro che questo sarebbe stato l'unico hotel giusto per la mia ricerca delle tracce. Giorno dopo giorno riconosco più intensamente, quasi un presagio, come se misteriose potenze mi avessero condotte tramite *"booking.com"* proprio qui, sebbene abbia cercato solo un'occasione economica. Anche se prenotato ben sei settimane fa, siamo effettivamente attesi. Matteo Scuola, uno dei titolari ci saluta e mi chiama "Frau Ute". Non lo correggo, probabilmente pensa che sia il mio cognome. Nonostante ciò, questo inusuale „Frau Ute", era come se questo hotel mi avesse atteso da molti anni. E subito continua comunicandoci che l'indomani mattina alle ore nove sarebbe venuto Lodovico Vaia. *Reminder:* è uno dei due soccorritori sul ghiacciaio. Rimango sbalordita. Il presidente del soccorso Alpino ha effettivamente inoltrato le mie consegne e si è adoperato affinché possa aver luogo un incontro.

Passo Pordoi

Ci rechiamo poi nel ristorante dell'hotel per una cenetta. Sono così concitata, cosa dovrei domandare a Vaia? Cosa non devo dimenticare? Parlerà così bene tedesco che possiamo intrattenerci? Eccitata, scarabocchio alcuni appunti mentre mordo un panino e sorseggio la minestra. Quanti anni aveva allora? Com'è stato informato? Si ricorderà dell'incidente? Quante persone hanno avuto incidenti sul ghiacciaio della Marmolada? Improvvisamente sono sommersa da domande. Devo sfruttare il tempo con lui. Quanto si tratterrà? Cosa devo raccontargli? Come sarà?

Il rivedersi

Il giorno dopo alle otto scendiamo per la colazione. Ed eccolo lì: può solo essere lui, Lodovico Vaia, una roccia d'uomo, in faccia un sorriso sicuro di sé come se nulla possa turbarlo. Matteo Scuola ci presenta all'istante. Sono senza parole. Ma Vaia racconta subito che non può restare a lungo perché deve recarsi al rifugio che gestisce al Piz Boè, ma che possiamo sederci assieme per un cappuccino al bar. Non ho con me nulla per prendere nota, ma sono affascinata. Lui propone lì per lì che possiamo incontrarlo al rifugio, così avrebbe avuto un po' più tempo. Non sarebbe nemmeno lontano: con la funivia si sale al Sass Pordoi, poi un oretta su percorso abbastanza pianeggiante. Gli mostro le nostre scarpe basse, inadatte per escursioni del genere. Ma lui pensa che possano comunque andare bene. Ci lasciamo entusiasmare. Oggi ha 72 anni, quindi è solo due anni più anziano di me. Perciò allora aveva 20 anni. Nel frattempo ha esercitato per più di 50 anni nel Soccorso Alpino, anche come istruttore per i successori. In quel tempo esercitava da maestro di sci in inverno e guida alpina in estate e lo è rimasto tutti questi anni. Le guide alpine venivano sempre radunate quando c'era un incidente. Anche il secondo sopravvissuto del Soccorso Alpino, Angelo Pacher, sarebbe qui molto vicino. Ha un albergo nei pressi del hotel "Lupo Bianco" che avremmo oltrepassato salendo da Canazei. Mi annota il numero di telefono. Sì, anche Pacher sarebbe già informato che sono qui. E Matteo dell'hotel sarebbe suo nipote. È intuibile che qui, in questa valle stretta, tutti si conoscano in qualche modo e che alla lontana siano imparentati.

Ute e Ludwig

Bernhard nel frattempo è andato a prendere la macchina fotografica. Voglio assolutamente essere fotografata con Lodovico.

Ci posizioniamo fuori dalla porta d'ingresso dove sullo sfondo, nel caldo sole mattutino, si illumina il Sass Pordoi con la sua stazione a monte, quasi fosse un'aureola che benedice il nostro rivederci. Lo devo proprio abbracciare. Ed anche lui mi abbraccia come se ci conoscessimo da una vita. Avviene frequentemente che le persone soccorse si fanno vivi da lui? Sì, alcuni, ma la maggior parte dei recuperati sarebbe stata morta quando li trovavano. Più avanti scoprii in un almanacco dei soccorsi alpini nella Val di Fassa che Lodovico ha partecipato a 1064 interventi di soccorso. Ed il Pacher ad altri 20 in più. Lodovico preme che deve andare alla funivia e tornare al suo rifugio. Ci invita a venirlo a trovare. Certamente, così avrebbe avuto un po' più di tempo da dedicarci.

La colazione ci sorprende. Ne abbiamo di esperienza con le colazioni negli hotel. Recentemente eravamo in Puglia, un paese di bengodi per formaggi, salumi e specialità di prosciutti. Ciò nonostante, sul buffet della colazione c'erano cose scadenti come formaggio industriale olandese ed un tipo di carne che voleva imitare il prosciutto. Qui è differente. Accanto ai dolciumi italiani come cornetti e pezzi di torta, oltre al salame c'erano prosciutto cotto e crudo tagliati finemente ed un meraviglioso formaggio dalla Val di Fassa, che ognuno poteva tagliarsi direttamente dalla forma. Bernhard si prende un uovo e si blocca, accorgendosi che è crudo. Non ha visto il bollitore d'uova e ha indicato il cartello sul quale oltre in italiano ed in inglese era riportato anche in tedesco „rauwe Eier"[5], come fosse una finezza particolare. Il cameriere si porta via l'uovo crudo ammaccato. Il suo sorriso dimostra che non eravamo i primi che c'erano cascati. Cerco di spiegargli il nostro malinteso. Il cartello con "rauwe" rimane comunque al suo posto anche nei giorni successivi. Nel frattempo ho familiarizzato con l'apparecchio del caffè. „Caffè americano" è una lunga brodaglia. Prima premo „Caffè lungo", ovvero un espresso doppio e poi „Acqua

---

5   Si voleva intendere **uova crude**, anche se il termine corretto in tedesco avrebbe dovuto essere "rohe Eier".

calda". Il miscuglio che ne esce si avvicina abbastanza al mio caffè filtrato casalingo.

Verso la Marmolada

Scendendo verso Canazei cerchiamo tra i tornanti l'hotel "Lupo Bianco" dove abita il Pacher, ma non lo troviamo. A dire il vero non arriviamo nemmeno a Canazei perché, come comprendiamo dopo, dal nostro hotel si dipartono due strade verso il basso ed oggi abbiamo preso quella per Cortina d'Ampezzo. Dapprima pensiamo che nella località Arabba abbiamo preso lo svincolo errato. Dopo alcune curve chiediamo a dei passanti la direzione per il lago artificiale di Fedaia ed otteniamo la conferma che siamo sulla via giusta. Effettivamente dopo pochi chilometri appare un'indicazione con "Marmolada". La strada conduce su molte strette serpentine al Col di Lana (2.452 metri) e per folli tornati su a Caprile fino al Passo di Fedaia. Il paesaggio e i nomi delle località mi sembrano molto sconosciuti, eccetto Fedaia. Sul Passo di Fedaia acquistiamo finalmente una cartina passabile con scala 1 : 200.000 e comprendiamo che eravamo già transitati dalla stazione a valle della funivia per la cima della Marmolada. Dunque si ritorna a Malga Ciapela.

Marmolada innanzitutto

Durante la prima guerra mondiale la Marmolada era un importante punto strategico. Inizialmente erano i soldati austriaci a fare la guardia sulla cima. Ci voleva del coraggio a portare su i viveri agli uomini, passando sotto il tiro italiano.

Cercarono protezione nelle crepe del ghiacciaio. Durante l'estate del 1915 all'ingegnere Leo Handl venne l'idea di scavare una città sotto i ghiacci con ripari, depositi per le scorte, servizi igenici, postazioni per le artiglierie e corridoi di approvvigionamento. La rete di gallerie e grotte ebbe una lunghezza di oltre dodici chilometri e fu situata fino a quaranta metri sotto la superficie. I crepacci nel ghiacciaio vennero utilizzati come sentieri che dovevano essere tenuti sotto controllo continuamente, perché il ghiacciaio si muoveva. Così, sulla Marmolada, furono di stanza fino a 700 soldati che giornalmente necessitarono di più di due tonnellate tra viveri, combustibile, munizioni, materiali da costruzione, attrezzature e carburo, utilizzato quale combustibile per l'illuminazione. Leggo che in quegli anni, si stima nel 1910, sarebbero stati inventati a scopi militari i predecessori degli sci moderni. Furono in legno e impiegati dapprima sulla Marmolada. L'intenzione del redattore è buona, ma si sbaglia. Già nel 1896 ebbero luogo le prime gare di sci nella Selva Nera. Inoltre già nell'ottavo secolo il principe vichingo Ragnar Lodbrok, durante la sua campagna verso la Norvegia settentrionale, soccombé ad un piccolo gruppo di contadini che, muniti di sci, furono più veloci dei vi-

chinghi appiedati e pesantemente ar-
mati.

Dopo la Grande Guerra ci furono ad
ogni modo i primi timidi tentativi di
creare in Val di Fassa qualcosa che
assomigliasse ad un luogo di vacanze
per sport invernali. Si salì aggancian-
do le pelli di foca sotto gli sci e si scese senza. Anche il lavoro di maestro
di sci nacque qui. Nel 1956 ci furono
tre maestri di sci sulla Marmolada.
Oggi la sola Scuola di sci Marmolada
ne annovera più di 100.

Le funivie della Marmolada

Attualmente ce ne sono due. Una
porta tramite una cabina chiusa su fino alla cima, 52 anni fa questa non
c'era. Parte da 1.450 metri, da Malga
Ciapela ed è sviluppata su tre tappe.
Alla prima stazione, Antermoia, si
deve trasbordare in un'altra cabina
che poi conduce alla stazione Serauta

a 2.950 metri. Qui il Museo della Prima Guerra Mondiale offre stralci cinematografici del film di Luis Trenker "Montagne in fiamme" che comunque non è stato girato qui, bensì negli studi. Ci sono anche un ristorante con *self service* e servizi igenici. Bernhard accusa problemi di respirazione. La funivia supera pur sempre l'altitudine di 3.000 metri in due tratti da tre minuti ciascuno. Facciamo una pausa e mangiamo qualcosina. Certamente non è un toccasana, ad ogni modo è una sosta per prendere fiato e rigenerarsi. Più tardi prendiamo la rincorsa per affrontare la terza tappa verso la cima. Così in alto su una montagna non sono mai stata. Su una piattaforma panoramica cerco di orientarmi. La sagoma della montagna mi è ancora familiare da vedute precedenti. Un cocuzzolo, allora denominato "Cima d'Estate" era innevato e posizionato più in basso, sotto la cima vera e propria ed era collegata con il ghiacciaio piano.

In quel tempo raggiungemmo quella Cima d'Estate, incidendo con le nostre scarpe un sentiero serpeggiante nel ghiacciaio per portarci in quota. C'era un sole splendente. Avevamo cosparso riccamente le labbra con la cosiddetta crema per ghiacciai. Sulla Cima d'Estate mangiammo i panini portati con noi e stappammo una bottiglia di birra in quattro. Stare lì, sopra quello splendore bianco, dava una sensazione pazzesca. Sopra noi solo il cielo. Non c'erano altre persone sul ghiacciaio. Solo noi quattro. Anche per me, diciottenne, era molto impressionante, sebbene due giorni prima avessimo già scalato il Piz Boè.

La caduta

Successe rientrando sulla pista che avevamo battuto. Heiner che mi precedeva in discesa si sedette sul fondoschiena e scivolò, urlando a squarciagola, giù fino al tornante successivo. Devo aver considerato che la cosa merita di essere imitata e lo imitai senza considerarne le conseguenze. Ci si può immaginare il risultato. Non riuscii più a frenare. Mentre sorpassai Heiner in scivolata, lui cercò di fermarmi. Ma non ci riuscì. Mi si gettò sopra e noi, ruotando insieme come un recipiente piatto, filammo giù per il ghiacciaio fino al crepaccio. Ero giusto davanti quando impattammo contro il bordo della crepa. Questo causò la commozione celebrale che presumo mi risparmiò compassionevolmente lo spavento di rendermi conto in modo cosciente come il nostro groviglio umano piombava nell'abisso, strusciando e sbattendo a dritta ed a manca contro le verticali pareti del crepaccio.

Dov'è il ghiacciaio?

La maggior parte dei quadri della Marmolada illustrano immagini invernali. Coperto di neve fresca nessuno si accorge della mancanza del potente ghiacciaio. Anche il volume illustrato "Dolomiti" di "*National Geographic*" del 2014 descrive la cima della Marmolada come "regno dei ghiacci eterni". Ebbene sì, gli autori ci furono in marzo. Ma in estate il presunto pianoro del ghiacciaio sembra una calvizie sulla quale una volta risaltavano riccioli bianchi. Da nessun'altra parte mi sono resa conto così coscientemente dell'effetto delle variazioni climatiche come su questa cima. Il ghiacciaio è sparito. Il mio crepaccio doveva avere una profondità di 48 metri. Oggi questa crepa non c'è più perché il ghiaccio si è sciolto. 48 metri sbrinati nel tempo di una vita d'uomo. Ogni anno più di un metro? Per quanto sia piacevole che oggi nessuno può più cadere nei crepacci, questo grigio fondo roccioso che oggi si

estende come un camposanto spianato sotto la cima è deludente. Davvero avevo pensato di poter sbirciare in quel crepaccio?

La stazione a monte, Rifugio Pian dei Fiacconi

Sì. Nessuno mi comprenderà, con quante paure ho intrapreso questo viaggio. Procediamo verso il Lago artificiale di Fedaia. La vecchia funivia Fedaia (€ 14,50) va ancora. Alla sua stazione a monte iniziò a suo tempo la mia escursione sul ghiacciaio. Salimmo con la seggiovia a sedili singoli su fino alla stazione a monte che pare essere la stessa di allora, forse un po' rinnovata. Da lì partimmo per l'escursione sul ghiacciaio. Ma che strana funivia è questa di oggi? Anziché sedili, ora ci sono piccole gabbie nelle quali si può solo stare in piedi. In compenso si vede molto. Per salire occorre disporsi uno dietro l'altro a distanza di un metro.

Appena il primo è saltato nella gabbia, segue il secondo passeggero ed un assistente chiude il cancelletto. Il vantaggio è che si può davvero vedere e fotografare tutt'attorno. C'è da meravigliarsi quanti cani salgono, spesso in braccio dei loro padroni. Con questa funivia giungiamo ai piedi del ghiacciaio di allora. Anche da qui l'aspetto non è più interessante, ci si presenta una pelata grigia. Quasi niente vegetazione. Ma qualcuno cammina ancora qui? I miei ricordi cominciano a vacillare. Com'era allora? Del fatto che ci tirarono su con la corda legata in vita, ho solo ricordi frammentari. Uno è che continuavo a sbattere con la testa contro il bordo della crepa oltre la quale dovevo essere issata. Solo dopo che uno dei soccorritori scese giù da me e mi aiutò a superare il bordo, arrivai davvero su. Non mi ricordo più se mi sono tagliata la fronte in quell'occasione, oppure durante la caduta nella crepa. Ad ogni modo si poté vedere la cicatrice ancora per anni. Se oggi corrugo la fronte si nota che le rughe traversali in quel punto sono interrotte. L'incidente capitò attorno alle ore 16. Fu settembre e fece buio presto. Mi ricordo che giacqui su una portantina e che venni trasportata giù attraverso il ghiacciaio fino alla stazione a monte allo sfarfallio di molte fiaccole.

Sulla cestovia del Fedaia Pian dei Fiacconi

Per ore procedette questo treno di dieci soccorritori, in quattro si dettero il cambio alla portantina. Sento ancora fisicamente come i nostri soccorritori inciamparono ancora ed ancora sui ghiaioni, risistemandosi urlando e bestemmiando, sul faticoso percorso verso la funivia. Comprendo oggi che anche loro furono in una situazione pericolosa e non dovettero badare solo alla sopravvivenza dei feriti, ma pure alla loro stessa vita. I loro congiunti che li aspettarono a casa, sicuramente sopportarono in modo molto più doloroso l'angoscia e la paura per i loro cari. Certo più di me che semplicemente giacqui lì senza dolori, svenendo in continuazione e perciò non essendo in condizioni di provare paura. Un forte ricordo tuttavia mi è rimasto indimenticabile: vidi il cielo stellato sopra me. «Già voli», era uno dei pensieri che non scordai più. Fu un cielo scuro con innumerevoli stelle sotto il quale si mosse la mia portantina. Realizzai che la mia portantina venne fissata su una seggiola della seggiovia che mi condusse a valle. Non ricordo più se fui terrorizzata dalla paura di precipitare nell'abisso assieme alla portantina. Ma solo il fatto che mi sono posta la domanda mi fa desumere che fu così. Domani Lodovico mi confermerà che fu effettivamente una seggiovia a sedili singoli, sulle quali fissarono le nostre portantine di salvataggio per raggiungere la valle.

Penia di Canazei

Sulla via verso Canazei giungiamo anche al paese nel quale allora avevamo pernottato: Penia di Canazei. La frazione di Canazei è situata ad una altitudine di 1.555 metri ed è una località di villeggiatura per l'estate e l'inverno. Il paese, che oggi ha una tangenziale, è attraversato dal torrente Avisio, proveniente dalla Marmolada. L'Avisio quindi attraversa l'alta e media Val di Fassa e alimenta il Lago di Soraga. Poi attraversa la bassa Val di Fassa, la Val di Fiemme, la Val di Cembra e sfocia nel fiume Adige presso Lavis. Penia confina direttamente con Alba, che a sua volta si connette con Canazei. Gli escursionisti di lunghi percorsi qui giungono sulla rinomata "Via Alpina", un sentiero escursionistico d'alta quota che attraversa le Alpi da Est a Ovest. Mi ricordo ancora bene che l'Albergo Posta provenendo da questa direzione era sulla sinistra della strada principale. Il paese mi sembra oggi molto più grande. Presumibilmente si è anche esteso. Tuttavia non riesco a riconoscere l'Albergo Posta. Suppongo che sia stato rinnovato, le travature intonacate, occluso da altri edifici, oppure sostituito. Chiederò lumi a Lodovico. Ad Alba leggo sul lato destro "Hotel Lago di Fedaia" e rammento che qui dovrebbe abitare il capostazione del Soccorso Alpino, Gino Comelli. Inchiodo la macchina, cerco un parcheggio ed entro nel Hotel. Problemi linguistici. Le mie conoscenze d'italiano sono troppo scarse e la mia interlocutrice non parla inglese. Ma mi fece capire che avrebbe informato qualcuno. Non arriva Gino Comelli, bensì una signora che sa un po' di tedesco. Cerco di comunicarle che abbiamo ricevuto il nominativo di Gino Comelli dal presidente del Soccorso Alpino. Lei ci dice che Gino non è a casa, che non parla tedesco e che ci sarebbero scarse possibilità di comprenderci. Delusi prendiamo la via di casa.

Angelo Pacher

Sulla via di casa, dopo Canazei e salendo verso il Passo Pordoi, finalmente vediamo il Hotel Lupo Bianco e

sullo sfondo, dietro un greto prosciu-
gato, il Ristorante Crêpes de Selva di
Angelo Pacher. „Crepes" è ladino e
significa qualcosa come roccia o
monte. Parcheggiamo presso il Hotel
Lupo Bianco ed attraversiamo con
pochi passi il ponte sul letto del torrente, poi saliamo alla casa di Pacher.
Un uomo della mia statura, con la
barba ed i capelli bianchi, ci saluta. Ha
l'aspetto di un marinaio. Appena mi
presento in italiano, si fa raggiante. Sa
chi sono. Ma fa fatica a parlare tedesco. Cerco di rompere il ghiaccio ma-
sticando quel po' d'italiano che conosco. Racconta che suo figlio è precipitato con il parapendio e che anche sua
moglie è morta. Non riesco a chiarire
quanto tempo fa è successo. Ci mostra delle foto sul cellulare, vedo una
signora curata dal bell'aspetto. Ci in-
forma che si era risposato, che la
nuova moglie aveva lavorato qui in
municipio. Lui è un po' più anziano di
Lodovico, ha 77 anni. Poi telefona a

sua nuora che parla bene tedesco. Le racconto la mia storia che lei già conosce.

Lei gli racconterà tutto il resto che mi riguarda. Lui avrebbe ancora molto da fare. Soprattutto in inverno giungono da lui molti sciatori. Riferisco alla nuora che voglio inviare al locale Soccorso Alpino una donazione dalla Germania. Poiché non conosco l'attuale comandante, la prego di verificare che questo danaro venga utilizzato per uno scopo nobile. Lei me lo promette. Dopo un cordiale abbraccio tra un grazie ed un arrivederci ci incamminiamo verso la macchina. Pacher pare altrettanto emozionato, ma non riesce ad esprimerlo con parole che io possa comprendere.

Ci saluta con cenni della mano. Gli lascio la traduzione in italiano della mia storia. È pure interessato ai ritagli dei giornali di allora, così glieli consegno. A casa li ho comunque memorizzati sul computer.

Ute e Angelo

La motocicletta misteriosa

Rientrati, nell'atrio del hotel, ci guardiamo attorno un po' meglio. In una vetrina luccica un Moto Guzzi rossa con la quale Tita Piaz negli anni 40 gareggiò. Il costruttore del hotel. Tita (più propriamente Giovanni Battista Piaz de Pavarin), innalzò nel 1907 assieme a sua sorella Maria l'hotel "Col di Lana". Per motivi patriottici (le rinomate battaglie al Col di Lana presso Arabba durante la 1ª Guerra Mondiale) L'hotel fu inizialmente denominato modestamente "Casa dei turisti". A proposito, ancora oggi l'Hotel è nelle mani della stessa famiglia. Ma su questo e specialmente su Tita Piaz, approfondirò più avanti.

In visita da Lodovico

Oggi vogliamo accettare l'invito di Lodovico Vaia di raggiungerlo nel suo rifugio. Dalle ore nove è in funzione la funivia del Sass Pordoi, sita direttamente davanti al nostro ingresso e che porta ai 2.950 metri del Sass Pordoi. Il vasto parcheggio si riempie presto, così che quasi non vediamo più la nostra piccola Fiat. Dal Passo Pordoi si raggiunge il Piz Boè che nel 1966 ho scalato assieme ai miei compagni d'escursione, due giorni prima della Marmolada. Già ieri rimuginavo sul fatto se allora fossimo saliti al Sass Pordoi con quella funivia per poter scalare la montagna più facilmente, oppure a piedi. La funivia esiste dal 1962. Ma più osservo il sentiero battuto, simile ad una scalinata che attraversa l'alpeggio e sale ai campi detritici, più mi convinco che eravamo saliti a piedi da giù in fondo fino su in cima. Eravamo pur sempre giovani e sportivi; anche i miei accompagnatori non avevano molto più di 30 anni. E nelle rocce erano ancorate funi d'acciaio con le quali ci si poteva tirare su nei tratti difficili.

Naturalmente oggi non seguiamo quel percorso, anche perché non abbiamo le scarpe adatte e ci imbarchiamo nella telecabina della funivia (19 Euro) che ha una capienza fino a 65 persone e, superando un dislivello di quasi 700 metri, conduce in quattro minuti al Sass Pordoi. La funivia, tra l'altro, è una delle prime delle Dolomiti ed è stata nel frattempo ovviamente modernizzata. La costruirono la sorella di Tita, Maria, con suo figlio Francesco. Maria aveva 84 anni e Tita era già morto 14 anni prima. Lei morì nel 1971 all'età di 94 anni. Il ristorante "Rifugio Maria", nella stazione a monte della funivia, si chiama così in suo onore. Quando arriviamo su la incontriamo sotto forma di statua di bronzo a ricordo di una delle più importanti pioniere del turismo al Passo Pordoi.

Dal Sass Pordoi si apre un ampia veduta sulle bizzarre rocce dolomitiche di tutto il Gruppo del Sella, sul Sassolungo, sul Catinaccio e sulla Marmolada.

Da lontano si potrebbe scambiare il plateau inclinato per il ghiacciaio. Quel gigantesco ghiacciaio che allora ricoprì due terzi della montagna ma che adesso non c'è più. A pagina 10 c'è una foto scattata dal Piz Boè con me e sullo sfondo la Marmolada. La sola foto che ho di quel tempo. Si dovrebbe mettere questa foto sotto il naso a Donald Trump. Il sottile strato di ghiaccio che ancora si aggrappa alla roccia che lo protegge dal sole, lotta per la sua sopravvivenza. Non è più spesso di dieci centimetri. Erba e muschio già lo trapassano. „Terrazza delle Dolomiti" si chiama l'area superiore del Gruppo del Sella, un ambiente amato dagli escursionisti ed arrampicatori. Qualche centinaio di persone marciano in tutte le direzioni. La maggior parte va nella nostra, verso il Rifugio Boè, dove Lodovico è padrone di casa. In origine si chiamava "Bamberger Hütte"[6], perché Sezioni del Club Alpino Tedesco contribuirono a marcare le aree escursionistiche nelle Dolomiti, a

---

6   Rifugio Bamberga, dalla omonima città nel Nord della Baviera, dove si incontrano i fiumi Regnitz e Meno

stilarne la cartografia ed a svilupparla. Da quando però la Sezione di Bamberga si è sciolta il rifugio di Lodovico ha preso il nome dalla cima, che da qui si raggiunge facilmente. Più tardi ci sorprenderanno le dimensioni del rifugio, specialmente quando da lontano riconosceremo la punta di una gru. Ma di questo tratterò più avanti. Identifichiamo i segnavia bianchi e rossi e gli ometti[7] che ci indicano la via. «Inizialmente si scende un poco», ci aveva anticipato Lodovico, ma poi si va sempre sul piano. Urca! Da una ex Guida Alpina ci si dovrebbero attendere descrizioni più precise. In realtà trattasi di un brutto affannarsi finché superiamo la prima tappa "in discesa". Giunti al Rifugio Forcella Pordoi, Bernhard ancora sorride rilassato nell'obiettivo della macchina fotografica. Visto da qui, il lungo sentiero sulla costa della montagna pare effettivamente una passeggiata. Come prima cosa ci spalmiamo addosso la crema solare, poiché non ci sono ne

---

7 Piramidi di pietre sovrapposte, con la funzione di segnavia

alberi ne cespugli che potrebbero of-
frire un po' d'ombra. Anche i pullover finiscono negli zaini. Speriamo di
aver superato il peggio. Ma non è così. Il percorso è costellato di passaggi
stretti che si possono superare solo in
arrampicata e camminando in equili-
brio.

Bernhard al Rifugio Forcella Pordoi

Subito all'inizio Bernhard si conficca
una pietra appuntita nel palmo della
mano. Applico subito un cerotto.
Dopo indossa i guanti. Su un breve
tratto innevato incespica e si siede,

grazie a Dio, nella morbida neve. Gli si legge in faccia che dentro di sé maledice Lodovico ed anche se stesso perché si è lasciato coinvolgere in questa escursione infernale. Non è mai stato ne un camminatore ne un patito della montagna. Lo ammiro per come riesce ad ottenere il meglio dalla situazione e consapevolmente lo precedo per fornirgli esempio in determinati punti critici. Sebbene da decenni non sono stata più per monti, approfitto nuovamente della mia breve esperienza alpinistica. I nostri calzari sono comunque tali da romperci entrambe le gambe e le caviglie su questo sentiero. Ma ormai siamo in ballo e dobbiamo arrivare fino in fondo.

Alla fine del lungo sentiero auspichiamo che dietro il dosso ci sia il rifugio. Alcuni che ci precedono arrampicano a casaccio, senza segnavia ecc. come se sapessero quello che fanno. Scordiamo i segnavia e ci orientiamo su chi ci precede. Decisione fatale. Giungiamo in un deserto roccioso senza sentiero, senza segnavia, procediamo a dritta e a manca, su gradoni di massi che sembrano essere stati scalpellati con spigoli di 80 centimetri di lunghezza e gettati lì da un gigante. Alcune funi d'acciaio aiutano a sostenerci e tirarci su. È tutto un gran pasticcio di cui non si riesce ad intravedere la fine. Pian piano dubito che riusciremo mai ad arrivare.

Ma poi si apre una depressione tipo paesaggio lunare grigio melma e scorgiamo il rifugio. Il posto si chiama Col Turond ed è a 2.873 metri di quota. È una vera casa con terrazza, certamente lunga 30 metri e provvista di 80 posti letto. Davanti sta una gigantesca gru che dovrebbe servire per incrementare il tutto a 110 letti. La gru è stata elitrasportata lì a pezzi. Al costo di 300 Euro a giro. Un'idea per il rientro? Non parliamone. Guardo l'orologio. Anziché il preannunciato tempo di percorrenza di un'ora, ce ne sono volute quasi tre.

Finalmente: il rifugio Boè

Lodovico ci riconosce già da lontano, come se oggi avesse contato sul nostro arrivo. Probabilmente ci ha riconosciuti dal nostro abbigliamento non professionale: jeans, giacchetta impermeabile di plastica, zaino piuttosto alla moda, senza quei bastoncini che la maggior parte della gente reca in mano e naturalmente le scarpe, con le quali barcolliamo sul sentiero di montagna. La moda escursionistica di oggi è molto più pratica della nostra di allora. Assieme ai tozzi stivaloni indossavamo le brage alla zuava, calze al ginocchio fatte a maglia e giacche a vento di popeline che reggevano un po' di pioggia solo dopo un impregnamento addizionale. Il rifugio, una casa murata con pietre di cava, con un vicino chiosco pur esso non proprio piccolo, ha le sue origini nel 1898. Durante la Prima Guerra Mondiale fu distrutto e nel 1921 il rifugio passò dalla società alpinistica boema alla Società degli Alpinisti Tridentini

(SAT) che la ristrutturò; tornò in funzione nel 1924. Dal 1992 il rifugio è stato dotato di un impianto per il trattamento e la depurazione biologica delle acque reflue in via sperimentale. Ci sono brande d'emergenza a cinque Euro. Un posto letto con materasso e coperte costa 26 Euro. A chi vuole arrampicare per alcuni giorni viene

Rifugio Boè in construzione (2018)

perfino offerta la mezza pensione a 54 Euro. E soprattutto: il sentiero per la cima del Piz Boè dirama qui. Con i suoi 3.152 metri è la montagna più alta ed unico tremila del Gruppo di Sella. Il percorso che passa dal Sass Pordoi è considerato il più comodo.

Lodovico ci saluta come vecchi amici e ci conduce nella sala da pranzo, non senza raccontare alle sue due figlie e ad altro personale chi siamo. Sembra che ci conoscano tutti e soprattutto che conoscano la mia avventura sulla Marmolada. Ci sentiamo altamente benvenuti nell'accogliente e confortevole salotto rivestito con molto legno e riceviamo subito il menù che molto seducentemente offre soprattutto piatti sostanziosi. Polenta con vari contorni, canederli allo speck e naturalmente pastasciutta. L'espressione di Bernhard si rasserena, appena legge "trippa". Ma purtroppo è terminata. C'è molta gente qui. La sala pranzo è colma e, da come si salutano, pare che Lodovico li conosca tutti e che loro conoscano lui. Sono proprio compari di montagna. C'era una volta una canzone a tal proposito[8]. Ad ogni

---

8 "Bergkameraden", ovvero Compagni di montagna, è una canzone nota nell'ambito tedesco degli amanti della arrampicata

modo, quassù non si usa il "Lei". Non rammento più cosa abbiamo mangiato, se gulasch o salsicce con i funghi, talmente vivace e di buon umore è stata l'atmosfera. Certamente era qualcosa con polenta che torreggiava sul mio piatto come due seni e di cui sono riuscita a terminarne solo uno. Lodovico ha aggiunto al nostro tavolo un ospite interessante:

Willy Costamoling

Anche Willy è un soccorritore alpino, arrampicatore dell'estremo, paleontologo e soprattutto fondatore dell'elisoccorso che oggi rende tutto più facile sebbene anche un po' più costoso. Lui gestisce il Rifugio Punta

Trieste per sci alpinisti, in alto sopra Corvara sul fianco Nord del Piz Boè ed è qui in transito con la sua amica. Un tipo avventato come Luis Trenker[9], anche se un po' più discreto. È famoso qui ed anche a livello internazionale come esploratore di grotte, perché il 23 settembre 1987, mentre era alla ricerca di minerali, trovò la grotta più elevata del mondo, lunga 200 metri ed alta 100 metri. Ancora cento anni fa stava nascosta sotto i ghiacci, ormai non più così eterni.

La Grotta di Conturines

È alla quota di 2.800 metri, a nordovest di Corvara. 40.000 anni fa ospitava orsi e leoni delle caverne, come si è potuto datare dalle ossa ritrovate. Ai loro tempi doveva essere notevol-

---

9   Alois Franz Trenker, meglio noto come Luis (Ortisei, 4 ottobre 1892 – Bolzano, 12 aprile 1990), è stato guida alpina, maestro di sci, attore, regista, architetto e scrittore.

mente più caldo, poiché quegli orsi *(ursus spelaeus ladinicus)* erano plantigradi. Dieci chilometri di sentiero alpinistico d'alta quota, di media difficoltà, conduce da San Cassiano ad Armentarola e da lì alla Capanna Alpina sul sentiero 11 fin sul Col de Locia. Esemplari modesti dei ritrovamenti di Costamoling possono essere ammirati al Museo Ladin di Fascia a Vigo.

Lodovico, che nella sua qualità di gestore del rifugio è sempre in movimento, si siede con noi con un bicchiere di vino bianco. Okay, anche noi ci permettiamo un Lagrein. Forse metterà le ali al nostro rientro. Torno al 1966. Com'era allora? Come comunicavate tra voi in caso di incidente? C'era un servizio di emergenza? No. Naturalmente c'era il telefono per radunare la gente. Avevano piantato lì il loro lavoro ed erano corsi sul luogo dell'incidente. Ne avevano salvati centinaia, tuttavia metà dei precipitati potevano essere recuperati solo ormai morti. Gli interventi allora non erano retribuiti. Anche a noi nessuno aveva emesso una fattura. Un'altra cosa: non abbiamo trovato l'albergo Posta a Penia di Canazei. Lodovico e Willy sorridono: non esiste più.

Quando il Soccorso Alpino doveva andare fuori non sempre si trattava di crepacci, c'erano anche cadute dalla roccia o, negli ultimi anni, piloti di parapendio che dovevano essere tratti in salvo. Mentre Lodovico ride molto, mi sento sbigottita. Al nostro rientro spedirò una donazione, anche se 52 anni dopo. Vivo perché queste persone mi hanno soccorso in modo disinteressato. Avrei davvero dovuto pensarci prima. Meno male che almeno ho potuto ritrovare due dei soccorritori in vita.

Lodovico sollecita a partire. Sono le ore 15:00. Non crede che sul ritorno saremo significativamente più veloci.

L'ultima funivia parte alle 17:00. Offre dei bastoncini a Bernhard, che poi avrebbe potuto lasciare dal nipote di Lodovico. Inizialmente avevo effettivamente calcolato con la percorrenza di un ora, ponderando su cosa avremmo fatto nel tempo restante. Con i bastoncini Bernhard procede più velocemente. Un ora e mezza dopo siamo alla funivia e beviamo innanzitutto un bicchiere di vino rosso, prima di prendere la cabina delle 16:45. Traballo sulle gambe. Grazie a Dio dobbiamo solo attraversare la strada per giungere al nostro hotel. Bernhard consegna i bastoncini alla reception. Dormiamo un po' prima di recarci a cena.

Tita Piaz

Quando usciamo dalla stanza incontriamo spesso la sua foto in bianco e nero. A suo tempo era un bell'uomo.

Mi commuove che sia morto esattamente nell'anno della mia nascita. Al suo funerale, nell'agosto 1948, parteciparono migliaia di persone. Apprendo dalla cronaca sulla famiglia Piaz e specialmente di Tita, la cui pronipote si alterna con Matteo Scuola alla reception e coglie i desideri dagli occhi degli ospiti, che la catena umana si estendeva dalla chiesa di San Giovanni di Vigo fin giù al centro del paese di Pera (frazione di Pozza).

Sulla famiglia Piaz esiste una cronaca inedita. È l'omaggio di un certo Hans Jürgen Merkle che giusto quest'anno — dunque nel 2018 — seguiva le tracce dei ricordi del suo defunto padre Eugen. Merkle padre appuntava ciò che aveva strettamente a che fare con lo sviluppo del turismo tutt'attorno alla Passo del Pordoi. La sua attenzione è stata attratta da una cartolina di Tita a papà Eugen, sulla quale Pia[10] indirettamente gli ammetteva la sua simpatia. Era su questo

---

10   Una delle tre figlie di Tita Piaz

che voleva investigare romanticamente, capire cosa era successo, se il padre avesse preso sul serio l'accenno di Pia sull'assicella del recinto.

La cronaca tratta anche della famiglia Rizzi, le cui diverse generazioni avevano fatto progredire in modo significativo il turismo nella Val di Fassa. Racconta anche dei Bernard, dei Micheluzzi e ripetutamente del "Diavolo delle Dolomiti", Tita Piaz di Pera nella Val di Fassa. Tita naque nel 1879. Tendente piuttosto verso sinistra, si aggregò all'Irredenta, un movimento nazionale italiano, che volle integrare il Trentino all'Italia. Per questo durante la Prima Guerra Mondiale fu trasferito in una colonia penale e, nel 1944, imprigionato per diversi mesi dagli invasori tedeschi. Dopo l'occupazione delle Alpi da parte delle truppe alleate, Piaz divenne sindaco perorando la causa degli ex avversari politici. Soprattutto si adoperò con gli organi ecclesiastici contro la povertà nella Valle.

Tita Piaz

Già da ragazzino, Tita iniziò ad arrampicare. Durante la sua carriera di guida alpina ed arrampicatore gli sono oggi attribuite 50 prime salite nelle Dolomiti. Nella funzione di guida alpina divenne famoso soprattutto per il fatto che intraprese assieme al re del Belgio Alberto I la prima salita della Via Preuss sulla parete Est del Campanile Basso. I rapporti cordiali con la casa regnante belga si prorogò fino ai nipoti. Quando Tita, nel 1929, acquistò un rifugio ai piedi delle Torri di Vaiolet, gli conferì il nome di "Rifugio Alberto I", oggi si chiama anche "Gartlhütte".

Piaz sviluppò nel corso della sua carriera il cosiddetto "metodo Piaz", la tecnica della discesa in corda doppia, invenzione contesa con Hans Dülfer. Il metodo perciò è definito anche „Dülfer-Piaz" o „Dülfer" ed è nel frattempo andato in disuso con l'introduzione di imbrago e discesore. Negli anni 1911-1912 si giunse alla cosiddetta disputa del chiodo di roccia tra Tita ed il suo amico Paul Preuss. Preuss sostenne che i chiodi da roccia possano essere impiegati solo in emergenza come mezzo per assicurarsi. Piaz fu invece favorevole all'uso permanente dei chiodi da roccia quale mezzi di assicurazione e progressione nell'arrampicata. Piaz fu solito asserire: «Preferiamo stare appesi a quattro o venti metri appesi alla corda assicurata, piuttosto che i nostri cadaveri diventino banchetto dei corvi nell'oscuro precipizio". Preuss ebbe un incidente mortale nel 1913 all'età di soli anni 27.

Piaz fu sposato in prime nozze con Marietta Rizzi. Dal matrimonio nacquero le figlie Olga, Pia e Carmela. Dopo la prematura morte di Marietta, Tita sposò Maria Bernard; da questo secondo matrimonio furono generati i maschi Furio e Nereo che morì in tenera età. Ci sono alcune biografie di Tita Piaz. Presumibilmente il più bel

libro è del 2018 ed è di Alfredo Palu-
selli; purtroppo è solo in italiano ed è
intitolato: "Il diavolo generoso".

Alla morte del padre, la figlia Pia ere-
ditò l'Hotel Col di Lana che oggi è
gestito ancora dalle nipoti Nadia e
Daniela. Mi sento quasi una guardo-
na, quando più volte al giorno osservo la foto di Tita Piaz. Ma la sua
espressione facciale è una vera e propria esortazione e stimola a voler conoscere di più sul suo operato e la sua
vita. L'immagine è così fresca, come
fosse stata scattata ieri. Intanto Tita
Piaz è già defunto da 70 anni. Il co-
raggioso arrampicatore morì solo pochi metri davanti a casa sua per le
gravi ferite alla testa dovute alla caduta dalla bicicletta.

Guardare montagne

Il parcheggio della funivia del Pordoi
è stracolmo. È domenica. L'ultima

domenica dopo ferragosto, nella quale gli italiani accorrono ancora una volta in masse. Meno male che la nostra Fiat non è imbottigliata. E se anche? Con questa piccola slitta si esce ed entra facilmente dai parcheggi. Vogliamo andare al Civetta. Assieme alla Marmolada ed al Monte Cristallo (3.221 metri) è tra le cime più elevate delle Dolomiti. Questa volta imbocchiamo subito la discesa giusta verso Arabba e lì, alla rotonda, procediamo in direzione Cortina d'Ampezzo. La nostra meta odierna è Alleghe. Oltrepassiamo il Col di Lana senza vederlo. Poi ci sono due alternative di percorso: o restare sulla strada principale direzione Colle Santa Lucia, o percorrere quella tortuosa via Digonera e Laste. Entrambe si congiungono a Caprile. Da lì mancano poi solo quattro chilometri fino ad Alleghe.

Alleghe

Alleghe ha circa 1500 abitanti, sta su una penisola sull'omonimo lago ed è considerato un centro turistico della Valle del Cordevole. Nel 1771 un crollo roccioso dal Monte Piz travolse tre villaggi ed ostruì il fiume creando un lago. Oggi vi si rispecchia il Civetta, alto 3.218 metri. Ci siamo lasciati attrarre dalla sua altezza maestosa e dalla descrizione di un percorso circumlacuale di 1,5 ore "quasi senza dislivello". (Suggerimento da "Marco Polo's top insider tips"). Tutta teoria. Quella circumlacuale percorre almeno due terzi su marciapiede accanto alla strada trafficata. Alla ricerca di un parcheggio, deviamo casualmente dalla strada principale presso la frazione Masara, allo spigolo meridionale del Lago e troviamo un solitario tabellone escursionistico. Da bravi parcheggiamo e proseguiamo a piedi sulla strada asfaltata. Questa conduce (erta!) in salita e, almeno quel giorno, è intensamente percorsa da vetture. Il lago sta sotto di noi. I camminamenti lungo le sponde in effetti sono irraggiungibili. Proprietà privata! Dopo circa due chilometri arriviamo ad ogni modo all'acqua.

Panoramica sul Lago di Alleghe

Alleghe ed il Civetta si specchiano pittorescamente nel lago. Non vediamo alcuna funivia risalire le scoscese cime sebbene sulla carta topografica ne sia indicata una, anche se non conduce alla cima. Con questa gli alpinisti possono risparmiarsi un tratto della salita.

Della circumlacuale tuttavia non c'è traccia, il sentiero lungo la sponda termina nuovamente su una strada trafficata lungo la quale si potrebbe procedere. Ma non ne abbiamo proprio più voglia. Troviamo modo di sederci su un masso e ci dividiamo una mela. Tornati al parcheggio cerchiamo invano una locanda ad Alleghe. Tutti i parcheggi sono occupati, così procediamo in direzione Caprile e, subito dopo un chilometro, troviamo il luogo di pellegrinaggio Santa Maria delle Grazie, al di là del fiume Cordevole. Un paio di monaci in tonache marroni vi si aggirano frettolosamente. Dinnanzi ad un albergo accanto alla chiesa ci sono molti tavoli e sedie, ma non c'è nulla da mangiare. Cappuccino? Sì! Fa in totale 3,60 Euro. Più tàrdi leggiamo che qui era stato fatto un voto alla Madonna che avrebbe dovuto protegge da smottamenti ed inondazioni dovute al Cordevole. L'area sacra è costituita da un vecchio edificio del 1645 ed un più recente santuario del 1954.

Verso il Cristallo e le Tre Cime di Lavaredo

Ritorniamo a Caprile e prendiamo la direzione per Passo Falzarego (2.105 metri). C'era da aspettarselo: molte molte serpentine. Cortina d'Ampezzo non entusiasma gli automobilisti, si tratti o meno di un luogo di gare olimpioniche (1956). Si presume sia il più bello di tutti i luoghi per le vacanze delle Alpi occidentali, addirittura la "regina delle Dolomiti". Okay. Il Monte Cristallo, questa imponente montagna con molte cime, ha un aspetto impressionante. Ma la segnaletica ed i tracciati stradali ci fanno disperare. Se solo avessimo portato il nostro navigatore GPS. A causa del dedalo di deviazioni facciamo più volte lo stesso percorso attraverso la località prima di trovare finalmente la strada regionale 48. Probabilmente si sta ristrutturando intensivamente la viabilità; in fondo nel 2021 dovrebbero svolgersi i mondiali di sci. Ci si voglia scusare se non insistiamo sul luogo. Cerchiamo le Tre Cime di Lavaredo. Già dopo pochi chilometri intravvediamo almeno due delle Tre Cime sopra il Lago di Misurina.

Veduta del lago di misurina con due delle Tre Cime

Le Tre Cime di Lavaredo

Leggiamo: è un'immagine stereotipo delle Dolomiti. Sì. Giusto. Molte, molte persone si accalcano sulle rive del lago, nel specchio lacustre del quale si riflettono due delle Tre Cime. Una strada a pedaggio di 30 Euro permette la salita con la macchina fino al Rifugio Auronzo. Lì sì che si può fare veramente vacanza. Hanno 104 letti distribuiti su camere a due e sei letti. Il Rifugio Auronzo, punto di partenza per molte escursioni sui monti, è a 2.333 metri di altitudine ai piedi delle Tre Cime. È gestito da volontari del Club Alpino della Sezione di Auronzo. Si tratta principalmente di giovanotti. La sottile fascia di parcheggi sotto il rifugio è piena fino all'ultimo posto macchina. La magnifica vista sul Monte Cristallo, su Cima Dodici e fino alle Alpi Carniche è sconvolgente.

Un alta via con dodici vie ferrate

È stata inaugurata proprio in queste settimane da Reinhold Messner, 100 anni dopo la fine della Prima Guerra Mondiale. Per lunghi tratti il sentiero segue il fronte della sanguinosa guerra montana. Presso le Tre Cime di Lavaredo i soldati si fronteggiarono ad una distanza di 50 metri: alpini italiani sul Sasso di Sesto, *Kaiserschützen* austriaci presso il nodo di Dobbiaco. Ancora si trova qualche volta del filo spinato arrugginito, o addirittura una bomba a mano. "Dolomiti senza confini" si chiama il progetto promosso dalla UE, che prevede un tragitto di oltre 100 chilometri tra sentieri d'alta quota e con 12 vie ferrate nei territori di confine, attraversando Austria ed Italia, due paesi che, a causa dei profughi d'Africa, si preoccupavano invece a delimitare i confini, quando nel 2016 chiusero il Brennero. All'inaugurazione sventolava la bandiera iridata "PACE"… La scena è inebriante. Si potrebbe scordare il mondo con questa vista. In realtà è solo la giacca di Bernhard che ci manca. Opps, certamente l'ha scordata a Santa Maria delle Grazie sorseggiando il cappuccino. Chiedo ad un giovane barista di telefonare a quel albergo e chiedere se si è trovata la giacca. Grazie allo scontrino fiscale (portarsi appresso la quietanza della consumazione è obbligatorio in Italia), abbiamo il numero di telefono. Sì, la giacca è stata trovata. Mentre ci dividiamo uno strudel di mele e ci gustiamo il meraviglioso panorama sui monti attorno a noi, riflettiamo se è proprio il caso di ritornare lì. La giacca non è nulla di prezioso, ma stare senza giacca anche non è bene. Dato che in questa stagione è chiaro fino a tardi decidiamo di andarla a prendere. Avremmo comunque dovuto tornare a Cortina ed superare il Passo Falzarego. Quindi decidiamo di ritornare anche i 15 chilometri fino a Santa Maria delle Grazie. Bernhard torna dall'albergo con la sua giacca ma senza proferire parola. Affrontiamo le curve del ritorno via Cernadoi e proseguiamo sulla 48 direzione Arabba ed il nostro hotel.

Dal ristorante del Hotel Col di Lana si vede direttamente sul Sassolungo e sul Sassopiatto. Quando la visuale è buona si potrebbe forse persino vedere il Catinaccio. Entusiasmata da questa vista mi reco ancora una volta davanti alla porta. Il parcheggio è deserto. Solo ai piedi di una propaggine del Col di Lana stanno ben allineate almeno 20 camper. Mi ricordo di averli visti sempre stazionare li. Alcuni camperisti vengono a mangiare al ristorante. In altri autocaravan probabilmente giocano a carte, o fumano davanti al veicolo. Hanno tutti targhe italiane, anche se questo non dice nulla sulla loro provenienza. L'Hotel Col di Lana offre ogni sera un menù a tre portate. Nessuno di offende se ogni sera ordiniamo qualcosa dal menù del giorno. Pietanze come minestra di patate, minestrone, pasta con le noci, carpaccio, ma anche bistecche d'agnello o una tagliata con una montagna di rucola e scaglie di parmigiano. Pare che qui sia abitudine servire le bistecche già tagliate e non intere. Per ciò che concerne le bevande, ci siamo fatti l'abboccato sul Lagrein. Ormai il cameriere chiede solamente se va bene il Lagrein. Inoltre ordiniamo una bottiglia di acqua minerale gasata, quello che avanza ce lo portiamo sempre in camera. Sediamo ogni giorno allo stesso tavolo, sul quale c'è un segnatavolo con il numero della nostra camera. 101. «Centouno»: continuo ad esercitarmi con i numeri e gli orari italiani. Ad esempio: «Colazione dalle sette e mezzo (7:30) alle nove e mezzo (9:30)». Fa piacere che la televisione riceva emittenti tedesche. Inizialmente abbiamo provato i canali fino al 250. Un suggerimento del personale: le emittenti tedesche partono dal canale 400. Oltre al primo ed al secondo riceviamo ora perfino la nostra emittente locale, Radiodiffusione Assia. Peccato che nella nostra piccola stanza c'è posto per una sola sedia. Per cui, per vedere la TV e per leggere, si va a letto. Matteo Scuola ci dice che avremmo dovuto avvisare subito. Sicuro, ci sarebbero camere più ampie. Ci avrebbe alloggiato non oltre il primo piano.

Visita presso il Soccorso Alpino di Alba

Lodovico ci aveva detto, che oggi avremmo potuto incontrare il comandante del Soccorso Alpino ad Alba. Gino Comelli lo fa già dal 1990. Gli piacerebbe conoscerci. Siamo incuriositi e partiamo. Ad Arabba ci accorgiamo che abbiamo ancora una volta sbagliato la discesa dal Passo

Pordoi. Ed abbiano anche scordato la carta topografica in hotel. Sia come sia: un passo di norma ha sempre due salite e rispettivamente due discese. E questa qui è proprio quella sbagliata. Poiché dopo la visita da Gino Comelli vogliamo proseguire, torniamo al hotel e prendiamo la carta topografica. Partiamo di nuovo, stavolta in direzione Passo Sella. Dopo 6,5 chilometri la strada a serpentine si divide: a destra direzione Passo Sella ed a sinistra verso Canazei. Ci abbiamo messo davvero quattro giorni per comprendere questa finezza. Imbarazzante.

Ci sono circa otto chilometri fino ad Alba di Canazei. Non abbiamo un indirizzo. Opps. Otto chilometri da Canazei o da Penia? Andiamo prima a Penia e cerchiamo qui il presunto edificio moderno, nel quale risiedono l'ambulanza, la Croce Bianca ed i Vigili del fuoco. Niente. Ad Alba chiedo dell'Ufficio Turistico. Non lo sanno neppure loro.

Ute con una vecchia portantina

La gentile signorina dell'ufficio chiede
al panettiere accanto. Lui lo sa. Co-
munichiamo con mani e piedi. Risultato: un gran parcheggio con macchine a destra, pompieri a sinistra alla fi-

ne del paese. Okay! Il parcheggio con le auto appartiene ad un officina meccanica ed effettivamente a destra ci sono i vigili del fuoco.

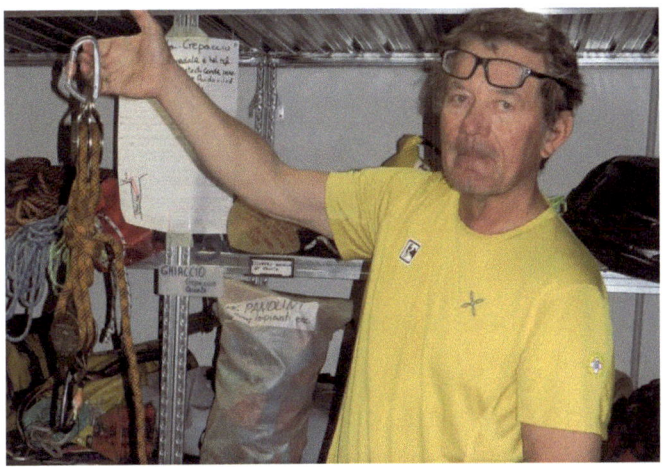

Foto di Gino Comelli che mostra una carru-cola con corde

Non c'è campanello. Capitiamo prima dai pompieri che ci mandano alla porta successiva. Dentro troviamo un uomo, che avrebbe informato Gino Comelli. Ci guardiamo attorno nell'atrio. Alla parete è appoggiata una antica portantina composta da aste in legno ed una tela. Come apprendiamo più tardi, è uno di quei esemplari con i quali fummo trasportati a valle al lume di fiaccole e poi issati sulla seggiovia.

«Si, ha cinquant'anni» ci dice Gino Comelli, che non dimostra affatto i suoi 64 anni e ci illustra come si viene salvati oggi da un crepaccio. Si monta un treppiede sopra la fessura e si solleva l'infortunato oltre il bordo mediante una carrucola, non più lateralmente, bensì centralmente e sulla portantina. Veniamo a sapere, che da quando è stato costituito nel 1952 il locale Soccorso Alpino, sono state tratte in salvo 1.025 persone incolumi, 1.404 ferite, mentre 176 erano quelle recuperate decedute.

Anche noi, Heiner ed io, avremmo potuto essere morti. 48 metri sono così profondi, o alti, da corrispondere all'altezza di un campanile medio. Se fossimo stati solamente in due, la gestrice dell'Albergo Posta l'indomani ci avrebbe probabilmente dichiarati dispersi. Ma avrebbe saputo indicare dove saremmo andati quel giorno? Sarebbe stato notato che al Lago artificiale di Fedaia durante la notte sostava una vettura con targa tedesca? Soprattutto quanti crepacci esistevano a quel tempo? Non tutti erano visibili dall'alto come il nostro. I crepacci a volte sono coperti da uno strato di neve, come sappiamo dai filmati sulle spedizioni, così che ci si accorge delle fessure solo quando cede il fondo.

Lo prego di darmi i dati bancari del conto del Soccorso Alpino. Probabilmente non trova la copiatrice, comunque, per qualche motivo, non riesce a fotocopiare, quindi strappa i dati del conto corrente da un documento, servendosi di un righello. Non ha importanza. Sono fortemente decisa a donare almeno 500 Euro. Poi mi regala un grosso libro, un'edizione commemorativa per il 60° anno dalla fondazione del Soccorso Alpino "Alta Val di Fassa", una lettura storica attraverso ricordi, lettere, contributi e documenti dal 1950 al 2010. Dedicato ai volontari del Soccorso Alpino, che tendono la loro mano per soccorrere coloro che si trovano in difficoltà sulle montagne e sanno come fare gruppo nella vita quotidiana. Mi rendo conto di essere parte di questo passato storico, sebbene non si trovi nel libro anche il rapporto del mio soccorso. Molto spesso incontro la parola 'morti' nei rapporti scritti a mano. Morti significa che queste persone sono state recuperate senza vita. 1964 − una coppia di Braunschweig: vivi. Una coppia di Mülheim e Brema: morti.

Nel libro trovo una foto di Lodovico Vaia dell'anno 1967, allora giovanotto di 23 anni, perciò un anno dopo che aveva collaborato al mio soccorso. Pure lui, come noi allora, indossava pantaloni alla zuava e grosse calze fino al ginocchio.

Copertina del libro sul 60° del Soccorso Alpino Alta Val di Fassa

Ah, se solo sapessi meglio l'italiano per poter leggere di più nel libro. La metà inoltre è scritta anche in ladino. Scopro Lodovico su un'altra immagine con una camicia a quadretti e salopette, che poteva già essere stata parte dell'equipaggiamento da montagna. Un giovane raggiante ed allegro con riccioli selvaggi e sigaretta tra le dita. Se non si tratta di omonimia, trovo sua figlia Milena classe 1971, nell'interminabile elenco dei soccorritori. Solo negli anni 80 si aggiunge l'elisoccorso. Trovo immagini degli anni 90 in cui la slitta di salvataggio veniva trascinata sul ghiacciaio e del 21° secolo in cui si vede il treppiede posizionato sopra il crepaccio. Dunque ancora c'erano allora residui del ghiacciaio.

Meteo per il Catinaccio?

Andiamo a Canazei. Qui vivono circa 1900 abitanti. In tedesco: Kanzenei. Un vero luogo turistico con hotel e giganteschi campeggi. Lungo la strada principale si allineano inoltre ogni tipo di negozi di souvenir, gelaterie, caffetterie e di materiali sportivi. Bernhard non vede l'ora di comperarsi dei bastoncini. Qui probabilmente sono particolarmente cari a causa della tassa sul turismo, ma forse sono anche più professionali. Devono essere stabili e potersi stringere telescopicamente quanto più possibile. 90 Euro, scontati da 120 Euro. Vedremo quante volte li userà. La vista di un supermercato ci suggerisce l'idea di acquistare qualche souvenir per casa; possibilmente qualcosa che si possa mangiare. Troviamo del prosciutto essiccato di cervo, di manzo ed un miscuglio di spezie salate con funghi secchi, imballato in forme a salsicciotti. Poi partiamo per il Catinaccio. Attraverso la Val di Fassa raggiungiamo il Passo Carezza. Il Gruppo del Catinaccio si estende in direzione Nord - Sud tra il Gruppo dello Sciliar ed il Passo di Carezza. Appartiene parzialmente al Parco naturale Sciliar - Catinaccio e dal 2009 anche al Patrimonio   dell'umanità   protetto dall'UNESCO. Si dice che questo sia:

Il mitico regno di re Laurino

Secondo la tradizione popolare nel "Gartl"[11], un circo detritico glaciale tra la Cima del Catinaccio, la Parete di Laurino e le Torri del Vaiolet, si estendeva il bellissimo Giardino delle Rose del re dei nani Laurino. Quando il Re dell'Adige volle far sposare sua figlia Similde, si invitarono tutti i nobili del circondario, eccetto re Laurino. Questi decise perciò di partecipare ugualmente con l'ausilio di una cappa magica che rende invisibili. Quando vide Similde s'innamorò subito di lei, la rapì, fuggendo a cavallo. Fu inseguito fino al Catinaccio dagli sgherri condotti da Dietrich di Berna.

---

11 Espressione dialettale per "Garten", ovvero giardino; il Catinaccio in tedesco è detto Rosengarten, cioé: Giardino delle Rose

Re Laurino allora si cinse la cintura magica che gli conferì la forza di dodici uomini ed affrontò gli inseguitori. Quando si rese conto che avrebbe ad ogni modo perso, indossò la cappa dell'invisibilità ed errò, credendosi invisibile per il Giardino delle Rose. Vedendo però muoversi le rose i cavalieri riuscirono a restargli sulle tracce. Lo catturarono, distrussero la sua cintura magica e lo fecero prigioniero. In seguito Laurino maledì il Giardino delle Rose dal quale si sentì tradito. Nessun uomo avrebbe mai più visto le rose per gioirne, ne di giorno, ne di notte. Ma si era scordato il crepuscolo ed è per questo che il Giardino delle Rose sembra tornare a fiorire al sorgere ed al tramontare del sole. (Fonte: Wikipedia)

Esiste anche un'ulteriore storia. Successivamente, il Principe del Latemar trovò durante un'escursione nel territorio del Catinaccio il Giardino delle Rose di Re Laurino. Lì incontrò sua figlia Ladinia; se ne innamorò e la volle in sposa. Poiché Laurino però era contrario, il principe rapì la ragazza e Laurino maledì le sue rose affinché non potessero più fiorire ne di giorno, ne di notte.

La cima più alta del Gruppo del Catinaccio è il Catenaccio di Antermoia con i suoi 3004 metri. Più rinomate come cime per l'arrampicata sono le Torri del Vaiolet, una formazione rocciosa al centro del Gruppo del Catinaccio. Nel 1913 Tita Piaz costruì e dedicò all'arrampicatore Paul Preuss, precipitato quello stesso anno, il Rifugio Preuss. Ancora oggi è gestito da Ivo Piaz. Presso le Torri del Vaiolet c'è anche il Rifugio Re Alberto, a 2.621 metri di quota. Pia Piaz, figlia di Tita, gestì il rifugio dopo la Seconda Guerra Mondiale fino al 1970. Morì cinque anni dopo.

Purtroppo si sta rannuvolando. Attorno a noi vediamo rocce selvagge,

ma la tanto decantata immagine in-
fuocata del Catinaccio di cui abbiamo
letto, si mostra solo verso sera e da
lontano. Sarebbe presuntuoso voler
venire fin qui impreparati, sperando
che il massiccio montuoso si mostri
subito fotogenico. Nel Parco naturale
si rivela la molteplicità della flora.
Non è per caso che si afferma che
venti piante forniscono ossigeno sufficiente per una persona. Qui per ogni
abitante ci sono ben 2.000 alberi. Con
umiltà ci rassegniamo e cerchiamo un
bel ristorantino che troviamo subito a
Lavina Bianca di Tires. All'antica segheria "Steger" e malga "Ciamin" of-
frono trote di montagna fresche appena grigliate. L'oste inoltre parla un
virtuoso tedesco tirolese. Così ci ac-
comodiamo sotto un pergolato ligneo
e gustiamo il pesce assieme ad un
quartino di vino.

Ute dinnanzi alla segheria Steger

Attraverso la Val Gardena

Il rientro più che altro è una gita in ricordo ed a memoria dei miei genitori. Passiamo l'Alpe di Siusi dove avevano trascorso negli anni 60 la loro unica vera vacanza ed incontrarono persino Luis Trenker. Attraversiamo la patria della musica popolare sudtirolese. Pare che qui Arthur Schnitzler[12] avesse scritto la tragicommedia "Das weite Land", come leggerò più avanti in una guida artistica. A Siusi, su una costa erbosa all'ombra delle gigantesche pareti dello Sciliar e della Punta Santner, notiamo la chiesa di San Valentino. Dentro troviamo pitture risalenti alla fine del XIV secolo; scuola bolzanina con influenza veronese. Da qui e solo a piedi, si può raggiungere la rovina di Castel Hauenstein, luogo agognato dagli appassionati del poeta e cantastorie er-

---

12 Scrittore, drammaturgo e medico austriaco .

rante Oswald von Wolkenstein. Era ritenuto il cantore dell'amor gentile più rilevante della cavalleria tardo medievale tedesca. Il suo amore tragico per Sabina Jäger è ancorato nei suoi canti. La donna lo indusse a recarsi a Gerusalemme, per darle prova del suo amore, mentre lei nel frattempo sposò un ricco commerciante. Rimane oggi retaggio della fantasia, se la storia fosse vera, o inventata per irritare un certo Martin Jäger, anch'esso padre di una figlia e comproprietario del castello di Hauenstein. Si narra che Jäger fece incarcerare e torturare il Wolkenstein.

Ci facciamo largo nel traffico serale attraverso Castelrotto, mentre sparliamo dei "Kastelruther Spatzen"[13]; seguono i paesi di San Michele e San Ulrico, da dove proviene Luis Trenker. Le montagne qui sembrano più

---

13 letteralmente, "Passerotti di Castelrotto", sono un gruppo musicale sudtirolese di musica leggera e folk; prendono il nome dalla loro città di origine, Castelrotto.

docili ed amene di quelle attorno alla Marmolada. Solo da Selva di Val Gardena[14], il paese più alto della val Gardena, sui fianchi Ovest del Gruppo di Sella, riprende ripida la salta verso il Passo Sella. Nel 1970 si disputò qui il campionato mondiale di sci. La discesa del Sassolungo (Saslong in ladino), da Ciampinoi giù fino a Santa Cristina, assieme a quelle di Kitzbühl (Streif) e Wengen (Lauberhorn) fanno parte dei classici della Coppa mondiale. La traversata della Val Gardena vuole essere anche un test per decidere se tornare a Bolzano via Val di Fassa o via Val Gardena. La Val Gardena, una volta discesi i tornanti del Passo Sella è certamente più veloce da percorrere che non la Val di Fassa e la Val d'Ega. Gli ultimi 20 chilometri sarebbero poi stati solo su autostrada. Ci aspetteranno ancora delle belle.

---

14 In tedesco: Wolkenstein

Nella luce del sole serale le cime mi attirano ancora una volta sulla terrazza del Hotel. «Salve Ute» sento chiamare. È Ludovico che viene dalla funivia. Lo saluto anch'io con la mano e domando: «Che fai qui?». Dice che deve andare da sua moglie. Infatti ci aveva raccontato che era ammalata. Non volevo dare inizio ad un colloquio gridato attraverso la strada; inoltre era accompagnato da una giovane signora. Sua figlia? Gli chiederò dopo, se è tutto a posto, quando gli invierò le foto per email.

Oggi vogliamo dedicarci un po' a Canazei. In ladino: Cianacéi. Per quanto anche cerchiamo, non c'è un parcheggio consentito libero. Il megaparcheggio presso la funivia è colmo. Da quasi un'ora giriamo attorno, così come altri automobilisti, nella speranza che qualcuno parta. Ritorniamo sulla strada principale verso Alba. Lungo l'Avisio troviamo effettivamente diversi parcheggi ed un marciapiedi regolamentare che costeggia il torrente vero Canazei. Su entrambe le rive transitano molti pedoni e ciclisti. Dopo Canazei, la ciclopedonale prosegue verso Campitello, Pozza e Vigo. All'ufficio turistico troviamo, quale informazione attuale, solamente un prospetto sul nuovo museo di Reinhold Messner allestito nel vecchio forte sul Monte Rite tra Pieve di Cadore e Cortina d'Ampezzo. Sarebbe ben interessante, ma temiamo la strada piena di curve, che scavalca il Passo Falzarego e soprattutto l'attraversamento caotico di Cortina d'Ampezzo. In fin dei conti siamo giunti qui per la Marmolada.

Invece ci inerpichiamo sui 40 gradini verso la chiesa del Sacro Cuore, la chiesetta del 1935 è stata appena restaurata nel 2009 e munita di vetrate dipinte in modo futuristico. Nell'arco dell'altare maggiore ha trovato l'immortalità il pittore Bruno Colorio (che nome per un pittore!) dipingendo l'ultima cena. L'altare è costituito da dodici pietre dolomitiche rosa del Piz Boè. Tornando verso la strada passiamo dinnanzi ad un asilo per bambini che stanno giusto pranzando all'aperto. Bernhard ricambia galantemente il saluto di una bambina, che agita la manina attraverso le asticelle del recinto.

L'arco illustrato della chiesetta del Sacro Cuore

Il cielo si rabbuia. Pare che pioverà. Da un lato è piacevole che dopo la giornata calda subentri un po' di pace per la nostra circolazione, tuttavia nemmeno vogliamo bagnarci. «Per favore dove possiamo trovare uno snack, che non offra solo mangime per turisti?» Pizzerie ce ne sono qui a bizzeffe. Ma questo è okay. In fondo siamo in Italia. In una caffetteria terrazzata con enormi ombrelli vengono offerte bruschette; non sono solo piccoli panini tostati, bensì delle fette ovali di pane bianco arrostito, grandi quasi quanto una pizza, coperti a piacere con salsa di pomodoro, tonno, formaggio, salame, verdura grigliata. Semplicemente delizioso. E nemmeno caro.

Sono felice che per una svista, non ho scelto un hotel nel centro di Canazei. Avevo ancora in mente Canazei com'era 52 anni fa, allora era ancora abbastanza tranquillo in settembre. Oggi ci vogliono due vigili per dirigere i flussi di traffico e dare ai pedoni via libera per l'attraversamento. Canazei è anche luogo base dove lasciare la macchina per andare in escursione. Ad esempio, dal centro del paese parte la funivia verso Pecol. Da lì una seconda funivia conduce al Col dei Rossi, da dove si può rientrare nella valle dell'Avisio a piedi.

La "bruschetta

Ne abbiamo abbastanza di Canazei. Cerchiamo l'accesso alla ciclopedonale che fiancheggia l'Avisio. I nuvoloni scuri passano, così sostiamo ancora un po' in un area picnic sotto alti alberi vicino al torrente. Com'è buona l'aria qui, lontano dalla strada. Lo scrosciare del torrente trasmette una sensazione, come se sedessimo al centro dei un film di cultura locale di Ludwig Ganghofer[15]. Eh sì, con tale percezione mi ero già infettata in gioventù. Da questa sarà anche scaturito il mio amore per i monti.

Nel hotel abbiamo chiesto a Matteo Scuola di procuraci altre copie della cronaca di Hans Jürgen Merkle. Aveva descritto al meglio e dettagliatamente le relazioni familiari delle famiglie Rizzi e Piaz. Soprattutto mi affascinano gli appunti su Tita Piaz e sua sorella Maria. Dato che il Merkle aveva interrogato la loro nipote e tra la sua e la famiglia di Piaz ci fu da sempre un'amicizia privata non si può al giorno d'oggi leggere niente di equiparabile, eccezion fatta appunto per questa cronaca. Piaz provenne da situazioni modeste. Tuttavia lui non fu costretto, come molti altri, ad arrotonda-

---

15 Scrittore, drammaturgo ed editore tedesco, 1855-1920, noto sopratutto per i suoi romanzi di cui molti furono poi adattati per il cinema.

re lavorando alla giornata presso contadini benestanti del Sudtirolo, bensì poté recarsi a scuola; con l'aiuto di una borsa di studio andò alla scuola superiore a Bolzano, dove imparò il tedesco. Nel 1900 dovette assolvere il servizio militare a Trento ed a Vienna. Nel 1907 con sua sorella Maria costruì l'Hotel Col di Lana al Passo Pordoi. Durante la Prima Guerra Mondiale, considerato politicamente inaffidabile, venne impegnato come soldato austriaco in una compagnia di punizione sul fronte Est e più tardi imprigionato in un campo d'internamento in Boemia. Ma ritornò e proseguì sfacchinando per il turismo e la sua fama. Come inflessibile avversario di Mussolini, incapace di tenere la bocca chiusa, perse l'appalto del Rifugio Vaiolet e venne in conflitto con le società alpinistiche. Nel 1938 fu arrestato al Col di Lana e condannato per tradimento della patria a sei mesi di detenzione. Dopo costruì l'albergo Piaz di Pera.

Tita e Maria

Nel 1944, verso la fine della guerra, Tita venne arrestato dagli occupanti tedeschi e rinchiuso nuovamente per otto mesi. Poi divenne capo amministratore della Val di Fassa e promosse ulteriormente il turismo con le sue attività di proprietario d'albergo e guida alpina. Il Merkle riferisce che il rapporto con sua sorella Maria, che più avanti costruì la funivia sul Passo Pordoi, non fu privo di tensioni. Anche lei lavorò instancabile per liberarsi della povertà. Il matrimonio con il suo primo marito fu deludente e fu sola a tirare a campare con i suoi quattro figli. Più tardi si sposò una seconda volta e partorì altri tre figli.

Visse uno dei momenti più amari della sua vita nel 1915, quando su richiesta di suo fratello e di amici, condusse due sconosciuti su al Lago di Fedaia presso la Marmolada. Si può supporre che fossero disertori. Vennero scoperti ed arrestati. Maria passò quasi tre anni in carcere prima che poté tornare ai propri figli; senza esitare proseguì nella sua attività di "impresaria".

Divoro queste pagine di cronaca come fossi una morta di fame. l'uomo della foto nel corridoio mi si avvicina sempre più. Mi guarda, come avesse atteso già da molto tempo che io arrivassi e svolgessi finalmente il mio compito. Il suo sorriso non è supplichevole, ma esprime un'arroganza che può sopravvivere per 70 anni solo per la grande fiducia riposta in sé stesso. Comincio a ritenere che era prestabilito dal destino, che fossimo alloggiati proprio in questa stanza, dove devo incontrarlo più volte al giorno. Mi guarda come se volesse costringermi a resistere al suo sguardo. Ci riesco.

Fausto Coppi sul Passo Pordoi

Di fronte al nostro hotel c'è un plastico in ghisa dal quale si erge la figura tridimensionale di un ciclista.

Fausto Coppi, Nel 1949 vinse il *Tour de France*. Già negli anni tra il 1947 ed il 1954, col Giro d'Italia, scavalcò il Passo Pordoi sempre da primo. Non c'è monte che i professionisti del ciclismo del giro d'Italia avessero affrontato così frequentemente come il Passo Pordoi. Il percorso del Giro dal 1940 è già transitato già più di 30 volte dalla sella tra la Val di Fassa e quella di Livinallongo. Durante la scalata del Passo Pordoi, Coppi fece apparire vecchi tutti i suoi inseguitori.

Soprattutto: ciclisti

I pochi *mountainbiker* che vediamo, sfrecciano come pazzi giù per i pendii ed i canali erosi che a lato dei tornanti serpeggiano verso valle. Sono tipi selvaggi, comparabili con quelli delle gare annuali a Valparaiso (Cile): una folle corsa in bici su tetti e case, solo che qui, se si esce dalla pista, si cade sensibilmente più sul morbido. Molto più appariscenti sulle strade dei passi, sono i ciclisti con le bici da corsa. Non c'è quasi curva dopo la quale non ci sia un'orda di biker che arranca in salita. Vediamo anche un paio di ciclisti con la pedalata assistita, riconoscibili dal portamento eretto e rilassato e dalle loro bici non sempre super snelle. La maggior parte però sono sportivi d'agonismo che si tormentano e torturano.

Passo Sella

A questi si aggiungono orde di motociclisti che specialmente in discesa si inclinano nelle curve, tanto da sembrare che a momenti tocchino l'asfalto con il ginocchio e scivolino a lato. Ma veramente pericoloso è il traffico frontale, soprattutto sui tornanti e quando i motociclisti devono superare vetture e non di rado contemporaneamente anche qualche ciclista. Aver fede in Dio è certamente buona cosa. Ma ... Ad ogni buon conto durante questi giorni non abbiamo avuto incidenti, per fortuna

Verso il Passo Sella

Saliamo le strette serpentine fino al Passo Sella, 2.244 metri. Anche questo è un percorso amato dai motociclisti. Sul passo quasi nessuno procede senza sostare e gettare lo sguardo sul maestoso Sassolungo 3.189 metri. Al suo fianco destro si nota la funivia proveniente da Canazei giungere al Col Rodella. Lo sguardo spazia fino allo Sciliar ed il Catinaccio. Ed anche sul Piz Boè. Che panorama. Mi domando come ho potuto sopravvivere tutti questi decenni senza queste vedute, senza sviluppare nostalgia. O forse l'ho solo soppressa? Si presenta ora, perché so che li rivedrò solo a casa sulle foto che porterò con me. Si, sarei stata adatta a questo territorio; anche alle persone.

Qualcosa mi attira nuovamente nella Val di Fassa in direzione Pozza e Vigo, sulle tracce dei Rizzi e di Tita Piaz. Mi interessa soprattutto il Museo Ladino a Vigo. Sebbene fosse poco prima di mezzogiorno ci lasciano entrare, solo più tardi constatiamo che normalmente tra le 12:30 e le 14:00 è chiuso. L'edificio moderno è suddiviso su tre piani. Riceviamo un fascicolo in tedesco e ci fanno notare che alle videoguide si può selezionare la lingua tedesca. Possiamo solo raccomandare caldamente la visita a questo museo. Certamente è un museo etnografico del territorio; ma non è impostato come la maggior parte. Illustra con rappresentazioni multimediali moderne, tramite presentazioni *PowerPoint* e con sequenze di vecchi filmati, come si sono sviluppati i pascoli al ritiro dei ghiacciai, come le persone si sono insediate, come si sono sviluppati gli insediamenti anche nelle località alte delle montagne. Soprattutto agricoltura e zootecnica, giardinaggio ed agricoltura realizzati lungo pendii e minuscoli fazzoletti di terra in modo indubbiamente più complesso e faticoso che non sul piano.

Gli orsi delle caverne

E poi arriviamo ad una presentazione degli orsi delle caverne e riconosciamo una volta in più l'importanza del ritrovamento di Willy Costamoling (vedi pagina 61). Quello che finora avevamo solo sentito nei suoi racconti al Rifugio Boè, è qui rappresentato con immagini ed animazioni. Affascinante. Lasciamo il museo non senza aver sussurrato alla custode "Molto interessante". Lei sa un po' di tedesco. Quando le raccontiamo che vogliamo scrivere un libro sul nostro viaggio, ci regala il saggio che altrimenti avremmo dovuto lasciare lì per successivi visitatori tedeschi.

Abbiamo fame. Prendiamo la via per Pozza, che oggidì assieme a Vigo costituisce Il Comune di San Giovanni di Fassa (in ladino: Sèn Jan). Solo dopo leggo che qui sulla piazza del mercato c'è un monumento intagliato in legno dedicato a Tita Piaz. A causa della necessità di reperire un parcheggio, finiamo nel rione di Meida, ad ogni modo presso un hotel più grande con ristorante. La terrazza è coperta, però non c'è nessuno. Tentenniamo, ma ci tranquillizziamo pensando che qui tra i monti durante il giorno sono tutti in giro. Titubanti entriamo nell'atrio dell'hotel e domandiamo se possiamo mangiare. Ci conducono giù per una stretta scalinata e poi di nuovo su; giungiamo effettivamente in un ristorante con molto legno, senza finestre. Due coppiette siedono a tavoli singoli, tutto il resto è vuoto. Il menù in italiano ed inglese lascia intuire che non c'è una grande attenzione per gli ospiti tedeschi. Anche la servitù risponde in inglese alla domanda se parlano tedesco. Ebbene, non è un *must*. La carta ha un aspetto piuttosto blasonato; le pietanze sono del tipo come si è abituati nei ristoranti tedeschi pretenziosi. Ordino una pasta asciutta, Bernhard sceglie ravioli con ragù di coniglio. Ci saziamo anche con l'insalata mista. La vernaccia viene servita in bicchieri nobili. A dispetto dell'ambiente travaso l'acqua minerale restante nella nostra borraccia. Non ci meraviglia il prezzo di oltre 50 Euro. Almeno è stato gustoso.

Fermata a Campitello

La chiesa dei Santi Filippo e Giacomo è l'unica in valle che ha un campanile coronato da merli. Nel 1852 un fulmine ha distrutto l'usuale campanile a cipolla; questa corona dovrebbe essere una casuale imitazione in stile gotico. La nostra curiosità è attratta dal museo dell'artigianato non lontano dalla chiesa. Dobbiamo aver avuto una concezione errata. Non sembra essere la casa pittoresca, che si denomina così, bensì una grande vetrina applicata esternamente, contenente utensili ed attrezzi di falegnami, carpentieri, sarti, calzolai e fabbri rimasti dai tempi dei nonni. Non siamo i soli quel giorno a cercare invano un'entrata. Ritorniamo a Canazei e constato che questa settimana non abbiamo nemmeno mangiano un gelato. Qui siamo in Italia e circondati da gelaterie. Troviamo perfino un parcheggio; presumibilmente perché comincia piovere, o perché sono le ore 16:00, un orario in cui gli escursionisti stanchi sono di nuovo nei loro hotel e fanno la doccia? Sia come sia, quando si tratta di gelato sono insaziabile ed ordino per ognuno di noi tre palline sul cono di ciarda. Dato che è ancora abbastanza caldo, il gelato si scioglie prima che riusciamo a leccarlo. Siamo felici. La ricerca delle tracce questa settimana è stata fruttuosa, piacevole, interessate, costruttiva, ricca di emozioni. Le vecchie ferite non fanno male. Non sono venute a galla tutte in una volta, bensì giorno dopo giorno si è fatto strada un nuovo ricordo di allora, di 52 anni fa. Mai avrei immaginato che così tante cose erano tuttora ancorate nella mia testa, formicolando sotto la pelle, non appena ne venivo a contatto. Tornata al Hotel sento insistentemente che con ciò il viaggio avrebbe dovuto terminare. Ogni sguardo su Tita Piaz mi rende responsabile di dovermi occupare di lui. Anche la casa, la sala da pranzo, il bar e la terrazza con la vista sul Sassolungo m'incatenano in un modo che, pur lusingandomi, mi trasmette la sensazione che dovrei rimanere qui perché c'è ancora un compito che mi attende.

Giorno dopo giorno mi sento sempre più coinvolta. Non pariamo più dei soccorritori alpini, ma di Lodovico ed Angelo, di Matteo Scuola e Nadia della reception, come fossero vecchi conoscenti. Occupandomi della loro storia mi sento un intruso nella loro famiglia, in un mondo, in cui avrei voluto essere solo un visitatore in transito. Persino il cane, che tutti i giorni chiamavo solo "signor scendiletto", perché spesso sonnecchiava come appiattito vicino alla reception, mi lanciava sempre un'occhiata di sollecito, come se avessi ancora da compiere qualcosa.

Supplemento di febbraio 2020

Davvero, c'era ancora qualcosa da ri-
solvere. La storia della caduta nel crepaccio del ghiacciaio non era soltanto
la mia, ma anche quella delle tre persone che quel pomeriggio di settembre 1966 erano con me sulla Marmolada. Il mio amico Heiner, lo avevo
incontrato circa 30 anni fa. Mi aveva
invitato per il suo compleanno. C'era
anche sua madre che mi aveva visitato
spesso in ospedale. Ci siamo abbrac-
ciati. Per un breve attimo ero di nuovo la Ute di allora. Heiner e sua moglie osservavano senza proferire parola. Sebbene vivessimo a distanza di
soli dodici chilometri, non abbiamo
mai cercato di riavvicinarci. Bernhard,
mio attuale marito, allora sapeva ancora troppo poco dell'avvenimento
sulla Marmolada. Pure io l'avevo rimosso. Tuttavia quando poi spedii a
Heiner il primissimo esemplare di
questo libro, qualcosa si è mosso. Mi
scrisse una lunga lettera e rimembrava
soprattutto la coppia che era in escur-

sione assieme a noi: Arno e Marianne. Aveva incontrato Arno ancora nel 1969 a Wiesbaden, prima che questi traslocasse in Renania. Io avevo incontrato i due per la prima volta quattro giorni prima dell'incidente. In tutti questi anni avevo rimosso la consapevolezza di loro. Eppure dovevamo proprio a loro la nostra salvezza.

Loro osservarono da immediata vicinanza come volammo nel crepaccio. Loro conoscevano il posto ed allarmarono il Soccorso Alpino. Eppure non avevamo il loro indirizzo. Qualche decina di anni fa scorreva voce che Arno si era trasferito in Renania. Forse a Düsseldorf. Non era reperibile ne su internet ne tramite l'agenzia d'informazione telefoniche. Non aveva una homepage e non emergeva nemmeno da Google. Che sia ancora vivo? Dovrebbe avere ormai tra i 70 e gli 80 anni. Mi era venuta un'idea e intravvedevo una vaga probabilità. Scrissi alla testata Neue Ruhr Zeitung raccontando la nostra storia del crepaccio. Effettivamente riuscii a suscitare l'interesse di un redattore che scrisse della faccenda del crepaccio e sollecitò i lettori a ricercare i salvatori. Trascorsero solo pochi giorni quando mi chiamò il redattore. "Ho appena telefonato con Arno; è lui, mi ha confermato tutta la storia."

Crepaccio

Un vicino gli aveva passato il giornale: "Sei ricercato!". Mi era inconcepibile, così telefonammo. Avevo così tante domande su cosa avvenne quando sparimmo inghiottiti dalla montagna. Erano circa le ore 16. A settembre il giorno sta già per finire. I due reagirono in modo così logico che non si può immaginare altrimenti. Marianne rimase sul posto della caduta e Arno discese dal ghiacciaio fino alla stazione a monte della funivia. Lì c'era il telefono e poteva essere allarmato il Soccorso Alpino. I soccorritori dovevano innanzitutto essere convocati e condotti con la funivia ai piedi del ghiacciaio.

Erano dieci i soccorritori che si misero in cammino verso di noi. Marianne, che attese sul ghiacciaio, deve aver sofferto molto il freddo. Il sole era tramontato e oltre ai suoi abiti non indossava alcuna protezione termica supplementare. Il nostro equipaggiamento allora consisteva in pantaloni alla zuava, al massima un pullover sopra la camicetta ed una giacca a vento estiva che a suo tempo era semplicemente in popeline. Che abbia avuto almeno guanti ed un berretto? I nostri panini al salame li avevamo consumati sulla cima, anche l'unica bottiglia di birra era stata fraternamente condivisa a sorsi. Quindi probabilmente non aveva nemmeno da bere durante le due, tre ore passate nell'attesa all'addiaccio. Non glielo possiamo più domandare. Marianne è morta. Quanto volentieri l'avrei voluta stringere ora tra mie braccia, accarezzandole la faccia con gratitudine.

Il 30 gennaio 2020 noi tre ci ritroviamo ad Essen, dove Arno vive oggi. Sono emozionata di incontrare i due compagni dopo 54 anni. Avevo zero ricordi di Arno ed una reminiscenza molto sbiadita del mio amico di allora e di sua moglie. Avevamo promesso al redattore che poteva partecipare all'incontro. Anche la testata doveva avere la sua storia, poiché è solo tramite il loro aiuto che ci siamo potuti ritrovare. È venuto appositamente anche un fotografo per illustrare questa storia lieto fine. Abbiamo posato per lui. Con la fune che aveva portato con sé, anche se lì sul ghiacciaio non avevamo alcuna fune. Ma lui si era immaginato così il quadro. Ci abbracciamo come compagni di montagna. I nostri gesti sono comunque maldestri poiché non siamo usati ad essere amici.

I nostri colloqui sono prudentemente curiosi senza valore storico. Dopo l'incidente Arno e Marianne si sono

sposati. Ci sono due figli e nipoti in cui Marianne continua a vivere. Lei mi manca in questo incontro. Mio marito e la moglie di Heiner sciolgono la tensione con la loro partecipazione. Mangiamo tutti cavolo verde mentre ci raccontiamo quanto siamo in forma e/o malati. Tutti abbiamo vissuto la nostra vita dopo quel 25 settembre 1966. E vissuto bene. Ognuno per sé.

Ai piedi della Marmolada vivono ancora due dei dieci uomini della squadra del Soccorso Alpino. Lodovico Vaia ha fatto in modo che il nostro libro venga tradotto in italiano. "Marmolada, Montagna del destino". Con ciò si chiude il cerchio.

Ute tra Heiner e Arno.

Bibliografia

DuMont , Kunst-Reiseführer, 1981

Ullstein, Halldór Laxness, Seelsorge am Glet-scher, Roman aus Island, 1984

Schneekluth, Thomas Wharton, Der Klang des Schnees, Roman über einen Gletscherspal-ten-Unfall in Kanada, 1995

Altri libri di autori

Norderney im Winter – Kein Fall von Toter Hose
ISBN; 978-3-7392-4299-6, 7,99 €, E-Book 4,99 €

Azoren – wundersame Inselwelt im Atlantik
ISBN: 978-3-7412-8040-5, 11,99 €, E-Book 4,99 €

Rom – Bernini, Borromini, Caravaggio und viele Skandale
ISBN: 978-3-7448-5660-7, 12,99 €, E-Book 4,99 €

Patagonien – ein aufregendes Ende der Welt
ISBN: 978-3-7431-8152-6, 11,99 €, E-Book 5,49 €

Island mit dem Schiff
ISBN: 978-3-7460-3453-9, 12,99 €, E-Book 8,99 €

Zugspitze: Warten auf Panorama
ISBN: 978-3-7528-2329-5, 7,99 €, E-Book 4,99 €

Apulien – im Schlaraffenland des Stauferkaisers
ISBN: 978-3-7528-3887-9, 11,99 €, E-Book 6,99 €

Marokko preiswert + gut
ISBN: 978-3-7481-9206-0, 13,99 €, E-Book 8,99

Gardasee auf die Billigtour
ISBN 978-3-7392-4299-6, 6,99 € E-Book 3,49 €

Unbekanntes Mittel-Irland
ISBN 978-3-7481-9700-3, 11,99 €, E-Book 5,49 €

Schottland und Insel Skye
ISBN. 978-3-7494-7878-1, 12,99 €, E-Book: 6,99 €

Toskana für Anfänger
ISBN: 978-3-7528-8029-8, 10,99 €, E-Book 5,49 €